少年读马克思

SHAONIAN DU MAKESI

张 旭◎主编

浙江人民出版社

《少年读马克思》编委会

主　编　张　旭

编　委　李少威　隋筱童　张　茜　肖　瑶

人物关系图

格奥尔格·威廉·弗里德里希·黑格尔

弗里德里希·恩格斯

路德维希·冯·威斯特华伦

罕丽达·普勒斯堡

燕妮·马克思

卡尔·马克思

亨利希·马克思

莫泽斯·赫斯

布鲁诺·鲍威尔

约翰·胡果·维滕巴赫

阿尔诺德·卢格

威廉·魏特林

海因里希·海涅

影响崇拜者

挚友

岳父

母亲

妻子

父亲

妻子

父亲

挚友

早期支持者

论战对手之一

老师

特里尔中学校长

早年好友

目录
CONTENTS

下篇　做马克思式少年

可爱并令人仰望的马克思

"真理像光一样,它很难谦逊"。这是卡尔·马克思在其第一篇政论文章《评普鲁士最近的书报检查令》中写下的句子。

马克思的一生都在追寻真理,尤其是有关人类命运的真理。有人总结说:"马克思之前的历史,都通向马克思;马克思之后的历史,都是从马克思重新出发的。"或许正因如此,今天许多人只知给马克思"天才"的盛誉,而对一个真实存在的他缺乏足够的了解。

马克思其实很可爱,这位天才思想家的人生与平凡的我们一样,交织着苦乐爱憎。不同之处在于,他思索的不是个人得失,而是人类的未来,他被"真理的旋律"所迷住,并且对真理有着不可撼动的信念。

浪漫的特里尔之子

"是谁跟在他身后,狂风暴雨般疾跑? 是面色黝黑的特里尔之子,一个血气方刚的巨妖。他不是在走,而是在跳,在急急忙忙向前飞奔"，这是青年弗里德里希·恩格斯对马克思形象的描写。那时他和马克思还没有见过面，但彼此神交已久。通过人们对马克思的渊博学识、革命品质和战斗精神的介绍，恩格斯对这位未来 40 多年的亲密战友进行了富有诗意的想象。

马克思的女婿、著名的马克思主义理论家保尔·拉法格说，马克思是一个体魄健壮的人，高于中等身材，肩膀宽阔，胸部十分发达，仪表匀称。"如果他在年轻时多做体操，他就会成为非常强壮的人。"

尽管没有做体操，但马克思是一个热爱运动的人，他坚信一个健壮的身体是工作的基础。

他喜欢散步，还喜欢击剑。谈到后者，他的朋友回忆说："他尽量以猛攻来弥补自己技术上的不足。要是碰到一个不够老练的对手，马克思也能吓他个目瞪口呆。"

未来的革命导师并非天生沉着而理性。在波恩大学读书期间，马克思甚至曾与人决斗，受到父亲亨利希·马克思的严厉批评。年轻时的马克思充满力量，具有男性特有的气质，以及艺术家的浪漫。他写幽默小说、剧本，并创作了三本诗集，其中大部分的诗写给了他未来的妻子——燕妮。

"燕妮啊，欢笑吧！你也许要惊奇：为什么我的诗篇都用同一的标题《致燕妮》？世界上唯有你呀，是我的灵感的源泉，快慰之神,希望之光,照耀着我的心灵之窗。"

"你的名字,我要写满千万册书中,而不是只写几页几行。让书中燃烧起智慧的火焰,让意志与事业之泉迸涌喷放"。

燕妮是"特里尔最美丽的姑娘""舞会上的皇后",特里尔的贵族公子们都期望得到她的明眸一顾,而她只对马克思情有独钟。在给马克思的信中,她简洁地写道:"只要你朝我看一眼,我便会感到恐惧而不敢再说一句话,血液会在血管里凝结,心怦怦直跳。"

燕妮的父亲,是路德维希·冯·威斯特华伦男爵。身为贵族,他却对"平民"犹太律师家庭出身的马克思眷顾有加,经常和马克思一起散步,分享对社会的看法。

正因马克思和燕妮的爱情是冲破门户之见的,亨利希·马克思对儿子千叮万嘱:要珍惜这纯洁的爱情和燕妮自我牺牲的勇气,不给王公贵人抢走她的机会。

"凶恶的刀笔奇才"

马克思喜欢的诗人是莎士比亚、埃斯库罗斯和歌德。阅读他们的作品,他获得的不仅仅是艺术享受,还看到了这些诗人的共同之处:对生活真理的追求永不停息,即对"真正人类本质的理想生活"的不断探索。

他们的作品揭示和反映了所谓"合理关系"的本质,帮助马克思认识到人类苦难的存在:人类是会思考的,而会思考的人类正在受着压迫。

一身浪漫主义气质的马克思,后来放弃了艺术之路,因为他认识到"写诗可以而且应该仅仅是附带的事情"。日渐成熟的马克思对"纯粹的艺术形式"兴致索然,他所理解的幸福生活是无法依靠艺术去实现的。他在 17 岁时写下的作文《青年在选择职业时的考虑》中,就清晰地阐述过自己的幸福观:

如果我们选择了最能为人类而工作的职业,那么,重担就不能把我们压倒,因为这是为大家作出的牺牲;那时我们所享受的就不是可怜的、有限的、自私的乐趣,我们的幸福将属于千百万人,我们的事业将悄然无声地存在下去,但是它会永远发挥作用,而面对我们的骨灰,高尚的人们将洒下热泪。

马克思的幸福就是为人的解放和自由发展而斗争。

"诗人马克思被思想家马克思制服了",苏联学者瓦·奇金这样概括马克思的转变。马克思把幸福观和斗争这个概念结合了起来,这是马克思的自然天赋,他就像革命斗争领域的莎士比亚。

中学毕业后,马克思到波恩大学读书,后转入柏林大学。由于当时柏林大学的学术氛围保守,他把自己的论文寄给了耶拿大学,并且马上就获得了耶拿大学的哲学博士学位。

博士毕业以后,马克思原本打算到波恩大学当教授,但因为他追求学术自由的倾向而未能如愿。

此时的马克思已经声名在外。在等待他前往波恩大学任教时,青年黑格尔派的学者莫泽斯·赫斯这样向朋友们介绍马克思:"他既有深思熟虑、冷静、严肃的态度,又有最敏锐的机智。设想一下,如果把卢梭、伏尔泰、霍尔巴赫、莱辛、海涅和黑格尔结合为一人……那么结果就是一个马克思博士。"

最终,马克思去了科伦,成为《莱茵报》的灵魂人物。由于他的渊博、深刻和雄辩,他的对手把他称为"凶恶的刀笔奇才"。我们可以从马克思的第一篇政论文章《评普鲁士最近的书报检查令》中,领略到这位刀笔奇才的"凶恶"。

新检查令要求人们在探讨真理时必须严肃和谦逊。马克思批驳说,所谓严肃就是不允许人们用自己的风格去写作,但"风格如其人";所谓谦逊就是不许人们探讨、发现和阐明真理,因为"真理像光一样,它很难谦逊"。

"你们并不要求玫瑰花散发出和紫罗兰一样的芳香,但你们为什么却要求世界上最丰富的东西——精神只能有一种存在形式呢?我是一个幽默的人,可是法律却命令我用严肃的笔调。我是一个豪放不羁的人,可是法律却指定我用谦逊的风格。一片灰色就是这种自由所许可的唯一色彩……精神只准穿着黑色的衣服，可是花丛中却没有一枝黑色的花朵。"

人民大众

青年马克思无疑是雄辩滔滔的，但迫于普鲁士政权的压力，他最终离开了《莱茵报》，离开了普鲁士，去了巴黎。

在《莱茵报》发表《摩泽尔记者的辩护》后，他就已经感觉到深深的困惑。穷人连捡拾枯枝生火取暖都会被判入狱，虽然学者们从法律和哲学上就能把这样的暴政批驳得体无完肤，但什么也改变不了。青年黑格尔派甚至连谩骂都用尽了，但也无济于事，最终只能各自散去，做会计的做会计，当律师的当律师。

马克思并没有消沉，他知道自己需要新的认识论，也就是新的认知世界、理解世界的方向。

马克思很快就把握住了他所期待的新的认识论方向，在巴黎再次建立起新的阵地。

1842 年，恩格斯在曼彻斯特目睹了资本主义大生产高度发展的状况和后果后，认识到要彻底否定资本主义制度，仅靠抽象理论和人道主义批判远远不够，必须从对经济问题的研究入手，寻找资本主义社会的内在运动规律。

1844 年，恩格斯在《德法年鉴》上发表了《政治经济学批判大纲》。他在文中指出，工人阶级的状况随着资本主义的发展而日益恶化，这完全是由资本主义的经济制度造成的。

作为该刊物主编之一的马克思盛赞了恩格斯的这篇文章，称之为"批判经济学范畴的天才大纲"。他认识到，只有用政治经济学这把"手术刀"，才能"剖腹"取出资本这个"难产儿"。

思想上的战斗还在继续，许多重要的原理正从这些战斗中不断产生。1844 年，为了批判青年黑格尔派"布鲁诺·鲍威尔及其伙伴"，马克思和恩格斯合著了《神圣家族》。通过对主观意志至上的思辨哲学的批判，他们证明社会生活和物质利益决定人们的思想；通过对黑格尔唯心史观的剖析，他们提出人民大众是历史的创造者；通过对资本主义社会阶级结构的研究，他们论证了无产阶级的历史作用。

一些曾经的进步理论家对人民群众和无产阶级抱有深深的蔑视，比如布鲁诺·鲍威尔就非常鄙视无产阶级，认为他们不过是一群"贱民"，永远也干不出什么名堂。而马克思与苦难大众站在一起的立场始终未变，哪怕他们实际上表现出严重的愚昧，马克思也会将其过去与未来放到更宏大的经济社会背景下去考虑。

犹太人逃出埃及时，一部分人在途中畏惧艰难和饥饿，便怀念起做奴隶的日子来，因为至少那时可以吃饱肚子。现实中，被解放的法国农奴出于同样的原因而反对他的解放者，马克思尖锐地警醒人们,不要迷恋"埃及的肉锅"。

《德法年鉴》的另一位主编阿尔诺德·卢格在创刊号上的一篇通讯中写道:"德国是由一些卑鄙顺从的庸众组成的,他们以绵羊般的克制忍受着暴政,因此,不应该幻想着德国会发生革命。"而马克思则针锋相对地指出:"满载傻瓜的船只或许会有一段时间顺风而行,但是它是向着不可幸免的命运驶去……这命运就是即将来临的革命。"

能够从同一个事实出发得出截然相反而又正确的结论,这就是认识论的力量。保尔·拉法格说,马克思虽然深切地同情工人阶级的痛苦,但引导他信仰共产主义的并不是任何感情上的原因,而是他研究历史和政治经济学的结果。

马克思不认同那些躲在书斋里凭空思想的学者。他在有关黑格尔的讽刺短诗中写道:"康德和费希特喜欢在太空遨游,寻找一个遥远的未知国度;而我只求能真正领悟在街头巷尾遇到的日常事物!"

马克思对轻视人民大众的历史作用的学者也总是毫不留情地批判和讽刺。比如在给次女劳拉的信中,他讲了一个"哲学家渡河"的故事。

哲学家:船夫,你懂得历史吗?

船夫：不懂！

哲学家：那你就失去了一半生命！

哲学家又问：你研究过数学吗？

船夫：没有！

哲学家：那你就失去了一半以上的生命。

哲学家刚刚说完了这句话，风就把小船吹翻了，哲学家和船夫两人都落入水中，于是船夫喊道：你会游泳吗？

哲学家：不会！

船夫：那你就失去了你的整个生命！

思想武器

1849 年，马克思流亡英国。1850 年，他拿到了大英博物馆的阅览证。

伦敦成为他的最后栖宿地，他将在这里发明一种威力巨大的理论武器。这种武器将掌握群众，并将其转化为摧毁私有制的物质力量。

因为这一理论武器的发明，马克思成为一位真正的"千年思想家"，此后一直被奉为"天才"。但通俗尊称的背后，是他对社会的深刻领悟，而深刻的领悟则源于他超凡的努力。

后世一直流传着他在大英博物馆阅览室的地板上踏出脚印

的故事,虽然是民间演绎,但也从一个侧面反映出他治学的勤奋。

马克思的房间里杂乱堆放着各种图书资料,他从来不允许任何人去整理,整齐对他而言是一种混乱。他可以在无序中指挥着一大堆书籍一起工作:它们是我的奴隶,应当服从我的意志,供我使用。

白天在博物馆看书,夜里则在家动笔写作,马克思经常累得头昏目眩、胸部发闷,有时觉得实在难受,不得不合上有趣的书,走出去晒太阳,呼吸新鲜空气。

思想家的严谨让人惊叹,即便为了一个"不重要"的事实,他也会专门去一趟大英博物馆。据恩格斯回忆,马克思在写《资本论》第二卷时,仅仅为了弄清俄国的统计学知识,他查阅的书籍就足有两立方米多。

参考原始资料的习惯使他连最不知名的作者都涉猎了。马克思在《资本论》里引证了许多名气不大的作家的观点,他们也借此为后世所知。

从古希腊神话和抒情诗到农艺学和数学公式,人类知识的各个领域,无不引起他的寻根问底。在晚年,为了深化政治经济学研究,完成《资本论》后几卷的撰写,马克思把研究重点放在了科学技术和数学上。

真正能让马克思无比愉快的事情是收到恩格斯的来信。这位为了共同的事业能在经济上得以维持而不得不去从事最讨厌的企业管理工作的战友,总能给他提供实践领域的感性材料,帮助他思考。马克思的小女儿爱琳娜回忆说:"有时摩尔(马克思在家里的外号)读着恩格斯的来信,笑得流出眼泪来。"

马克思嗜烟,在他写作的时候,整个房间烟雾缭绕。一名普鲁士警探在一份1850年的调查报告中这样描述马克思的家:当你走进马克思的房间,腾腾的烟雾刺得你双眼泪水直流,以至使你一时感到仿佛在洞穴中摸索徘徊。但到了晚年,为了健康考虑,马克思又以惊人的毅力戒掉了吸烟的习惯。

《资本论》第一卷完成后他才有时间给朋友们回信,他在给矿业工程师齐格弗里特·迈耶尔的回信中说,"我为什么不给您回信呢?因为我一直在坟墓的边缘徘徊。因此,我不得不利用我还能工作的每时每刻来完成我的著作"。

与这样的刻苦相伴的是清贫到衣食无着的生活。马克思40岁生日来临之前的寒冬,冰冷的屋子里没有煤块取暖,餐桌上空无一物,妻子仅有的一条披肩被送进了当铺。因为房东的催租和各种店铺里的赊欠,他们一家人还常常被赶出门去。

"我扛了半个世纪的长活,结果还是一个穷光蛋。"1858年,当《政治经济学批判》第一分册定稿之时,马克思通知恩格斯说,"倒霉的手稿写完了,但不能寄走,因为身边一分钱也没有,付不起邮费和保险金"。这一次又是恩格斯帮了忙,手稿不久后就寄到了柏林,并在那里出版。

这份"倒霉的手稿"告诉世人:社会的物质生产力发展到一定阶段,便同它们一直在其中活动的现存生产关系发生矛盾,于是,这些关系便由生产力的发展形式变成生产力的桎梏,那时社会革命的时代就到来了。

越临近《资本论》诞生的时刻,马克思就越清楚,他将把拥有强大威力的武器交给无产阶级。"伟人们之所以看起来伟大,只是因为我们自己在跪着。站起来吧!"

1867年4月的一个早晨,马克思上了一艘小客轮,离开伦敦港,为的是把这个武器——《资本论》第一卷手稿送到欧洲大陆去。

《资本论》第一版,勉强才印了1000册,"甚至将不够付我写作它时所吸的雪茄烟烟钱"。尽管马克思偶尔会发出这样令人凄然的感叹,但这个怀疑和否定一切的思想者从未怀疑过自己工作的意义。

他在《〈黑格尔法哲学批判〉导言》中曾经指出:"批判的武器当然不能代替武器的批判,物质力量只能用物质力量来摧毁;但是理论一经掌握群众,也会变成物质力量。理论只要说服人,就能掌握群众;而理论只要彻底,就能说服人。所谓彻底,就是抓住事物的根本。而人的根本就是人本身。"

1883 年 3 月 14 日,马克思在工作中安详地离世,"当代最伟大的思想家停止思想了"。英国伦敦海格特公墓里,马克思的墓碑上刻着他的名言:

"全世界无产者,联合起来。"

"哲学家们只是用不同的方式解释世界,而问题在于改变世界。"

上篇

热血吧！马克思

REXUEBA MAKESI

资本论

青春，是开阔的想象、炙热的情感、坚忍的意志、科学的信仰的重要形成期。正如作家柳青所说："人生的道路虽然漫长，但紧要处常常只有几步，特别是当人年轻的时候。"如果年少的我们便能立志高远、心怀天下，必能在人生路上舍弃一些浮华，坚定地走向理想的目标。

当然，在这个过程中，我们可能会遇到困惑、迷茫、诱惑以及挑战。如果此时身旁有一位智者能够及时为我们指引方向，那年少的我们也许可以借助他的肩膀，站在人类思想的顶峰，看见整个历史和世界的样子，甚至人类社会最终的归宿。马克思就是这样一位智者。

世界上伟大的历史人物有很多。从苏格拉底到孔子，从牛顿到爱因斯坦，只有马克思一人真正认识到了社会运行的本质，认识到人类社会所有问题的解决不是依靠宗教力量或者无畏生死的勇气，而是在充满剥削、残酷的环境里，依靠全世界无产者联合起来的力量，最终建立一个人人平等、自由发展的社会！

当我们经过数十年刻苦攀登和学习，终于有机会见识人类思想的巅峰，那时我们就会意识到：在少年时，我们就曾经站在这里，因为马克思带我们来过。

第一章

认识马克思：
不止一面

大众眼中，他是无产阶级革命导师

实际上，青年时期的马克思……

文艺宅男，疯狂写诗

追星一族，迷恋哲学

1 一个少年的志向：幸福属于千百万人

未来，你想从事什么样的职业？是科学家、工程师、医生、律师，还是"网红"、明星？

你在选择职业时是基于什么样的目的？为了爱好，为了赚钱，抑或是为了安稳？

对于这个每个人都要去考虑的问题，年仅17岁的卡尔·马克思回答说："我们应当认真考虑：我们对所选择的职业是不是真的怀有热情？""我们应该遵循的主要指针是人类的幸福和我们自身的完美。不应认为，这两种利益会彼此敌对、互相冲突，一种利益必定消灭另一种利益；相反，人的本性是这样的：人只有为同时代人的完美、为他们的幸福而工作，自己才能达到完美。"

这是一个怎样的少年啊，能在17岁时就立下为全人类谋幸福的志向！让我们一起了解这个少年的成长故事。

普鲁士莱茵省特里尔小城吕肯巷664号有一座样式普通的

房子,是犹太人亨利希·马克思一家的住宅。亨利希·马克思为人正直,待人温和,具有良好的教养,他勤劳能干,是特里尔的律师公会会长,深受小城市民的尊重和爱戴。妻子罕丽达出身于荷兰的一个犹太法学家家庭。她是一位慈爱称职的妻子和母亲,将自己生活的全部重心都放在了这个家上,对丈夫体贴入微,对儿女关怀备至。亨利希夫妇共有9个孩子,4个男孩、5个女孩,不幸的是除了3个姐妹和卡尔·马克思,其他5个孩子全部相继夭折了。

在马克思不到2岁的时候,亨利希一家从先前的住宅搬到了西梅昂街1070号。不幸的是,马克思4岁的哥哥病逝了,自此他成了家中的长子。亨利希夫妇对马克思悉心照料、关怀备至,对他寄予厚望,期望他能子承父业,成为一个有品德、有学识并且受人尊敬的学者或者律师。亨利希学识渊博,文学素养也很高,经常向子女们介绍名家作品,他的品德和学识也潜移默化地影响着马克思和他的姐妹们。马克思十分敬重父亲,认为他是一位品格纯洁和法学才能出众的人。

在离西梅昂街1070号不远的地方,是小城枢密顾问路德维希·冯·威斯特华伦男爵一家。男爵出身显赫,有着极高的文化素养和自由民主精神,既能对社会问题针砭时弊,又能对浪漫主义文学侃侃而谈。男爵是亨利希的老友,两家人关系紧密。童年时期的马克思经常在男爵家听他介绍名人的政治主张,如克劳德·昂利·圣西门等人的空想社会主义思想。在威斯特华伦的熏陶下,马克思的心中逐渐埋下了社会主义思想的种子。马克思一生都十分尊敬和崇拜威斯特华伦,将他视为慈父般的朋友,威斯特华伦后来成为马克思的岳父,他的大女儿燕妮正是马克思的妻子。

由于社会影响,加上优渥的家庭生活条件,马克思一直到12岁都是在家中接受教育的。1830年10月,12岁的马克思被父亲送入特里尔中学,在这里他度过了5年的中学时光。

在马克思进入学校之前,莱茵地区的教育发展水平十分滞后。学校既没有制订完备标准的教学计划,也没有实行科学规范的考核制度,师生的学习活动存在着极大的随意性和散漫性。马克思进入学校后,正值特里尔中学实行教学改革,教学情况发生明显好转。校内盛行着良好的校风,自由主义启蒙精神在校内蔓延开来。当时学校的校长是新上任的约翰·胡果·维滕巴赫,是一位有名的历史学家和进步学者,有着极高的文化素养。他学识渊博,见识广博,领导有方,在校内积极推行改革,整顿学校秩序,并且聘请了大量优秀教师,大大提高了特里尔中学的教学质量。受自由主义精神的影响,维滕巴赫认为特里尔中学的学生应该是具有高尚品行,密切关注国家大事和社会进步的人。因此,特里尔中学的课程内容越来越丰富,包括专门研究著名哲学家和历史学家的课程、论述文学家及文学作品的课程以及讲授科学知识的数学课和物理课,管理制度也变得非常严格。

维滕巴赫校长同时也是马克思父亲的朋友,他对幼年时的马克思就非常喜爱,中学时期马克思所展现出的对问题的透彻分析能力以及对知识极强的领悟力,更是让维滕巴赫欣赏不已。他还经常亲自教导马克思,成为影响马克思一生的重要人物之一。

在班级里,马克思虽是年龄最小的学生之一,但凭借超凡的天资、超强的理解力和刻苦的求学态度,他甚至能够理解课程中最难懂的知识,因此经常名列前茅。

马克思不仅认真学习学校传授的知识,还关心国家大事,担心国家前途。在他进入特里尔中学学习之前,也就是1830年7月,法国爆发了七月革命,推翻了波旁王朝。七月革命的胜利使得欧洲其他国家的人民纷纷顺势起义,德国国内多地先后发生了反对封建专制统治的民主革命。德国资产阶级人士、各行各业的劳动者、学生群体以及进步人士团结在一起,在普法尔茨的汉巴哈宫举行全德人民大会。马克思的老师们以及维滕巴赫校长就参加了这次大会。

马克思和他的同学们也密切关注着大会活动,并且领悟了大会所传达的精神,追求自由平等的想法在马克思的心中萌发。然而,大会活动招致了封建统治阶级的打击与报复,他们在城内大肆追捕自由派人士,严格管控城内居民的动向,这些事件都在马克思的心里留下了深刻的烙印,加深了他对封建专制统治制度的憎恶。

少年时期的马克思便开始对人类命运进行思考。尤其是上学路上一片破败简陋的穷人住宅区,对他的内心造成了深深的冲击,他不明白为何人与人之间会有这么大的差距。虽然,当时的马克思并没有找到这个问题的答案,但这激发了他对圣西门空想社会主义主张的浓厚兴趣。

少年时代转瞬即逝。1835年特里尔中学举行毕业考试,虽然马克思只在特里尔中学学习了5年,并未达到学校的规定学时,但他顺利通过了毕业考试,取得了令父母、老师、校长都满意的成绩。考试委员会认定他天资聪颖、勤奋好学,各科成绩都令人满意:他对数学、历史、地理知识相当熟悉;他的德语、拉丁语、希腊语和法语语法相当不错,口语表达也非常熟练;在所有科目中,只有物理的评价是中等。最后,考试委员会在马克思的"中学毕业证"的鉴定书上评价说他得天独厚,并衷心希望他获得应有的美好前程。

除考试之外,马克思的拉丁语作文、德语作义、宗教作文都很出彩,获得了相当高的评价,特别是他作的题为《青年在选择职业时的考虑》的德语作文,更是由校长维滕巴赫先生亲自评阅,并获得了"思想丰富,布局合理,条理分明"的高度评价。这篇文章展现了这位 17 岁的少年,在启蒙思想和人道主义的启迪下萌发出的为人类服务的崇高理想和人生抱负。

当时,临近毕业,同学们都在讨论和谋划自己今后的职业选择,高官厚禄、奢华生活似乎成了大家追求的理想和热点。但马克思认为,这些想法都是从利己主义的角度出发,以实现个人幸福为选择职业的前提。他提出,职业的选择不应该受到虚荣心的影响,也不能从一时的兴趣、渺小的激情出发,应当坚定树立为千百万人的幸福而奋斗的理想信念。

正如他在文章中指出："如果我们选择了最能为人类而工作的职业，那么，重担就不能把我们压倒，因为这是为大家作出的牺牲；那时我们所享受的就不是可怜的、有限的、自私的乐趣，我们的幸福将属于千百万人，我们的事业将悄然无声地存在下去，但是它会永远发挥作用，而面对我们的骨灰，高尚的人们将洒下热泪。"

为人类服务，将幸福带给千百万人，是马克思少年时代的铿锵誓言，也是他的自我人生陈情书，虽然未曾阐释高深的哲理，却包含了最真诚、最质朴的思考。在漫长的岁月中，马克思确实为人类的解放事业而奋斗终生，始终忠于少年时代的人生目标，成为将幸福带给千百万人的光辉使者。

2 从诗人到哲学家再到革命家

谁的青春不迷茫？伟大的思想家也有过迷茫的青春期。

中学时期的马克思立下豪言壮语，要为人类幸福而奋斗。但是，当 1835 年 17 岁的马克思听从父亲的安排进入波恩大学学习法律、以便将来子承父业时，却陷入了成长过程中少有的迷茫期。

这种迷茫尤其体现在马克思这一时期高昂的酒馆账单以及对诗歌的执迷上。马克思的父亲亨利希认为，儿子种种令人失望的表现与波恩大学的浪漫主义氛围脱不开干系。

与马克思的家乡特里尔小城相比，波恩这座城市实际上并没有大多少，但是这所只有 700 名学生的大学却是莱茵省的思想文化中心。彻底的浪漫主义在这所学校繁荣发展，文学和哲学知识在这里广受追捧。刚入学的马克思以极大的热情投入大学学习中，带着对浩瀚知识强烈的求知欲，他在第一学期就报名了法学全书、罗马法史、文学艺术史等整整 9 门课程。不过，为了身体健康，在父亲的建议下，他将课程减少到 6 门。

马克思很快就以全身心投入的学习状态赢得了老师的赞赏，收获了老师们"极为勤勉""异常勤奋"的好评。不过不久，他就由于过度学习、身体受不住而病倒了，所以在第二个学期，他只选修了 4 门课程。课程的减少使他开始有闲暇时间参加政治、文艺活动了。

这段时期，马克思在波恩结交了许多青年朋友。像大多数刚刚摆脱家庭束缚的大学生一样，他在学业减少之后，常常和一帮同学拉帮结派，参与各种娱乐活动，甚至还加入了一个"特里尔同乡会"，并成为这个组织的"头目"。就是在这个组织的聚会中，马克思因夜间酗酒、扰乱学校宁静，还差点与其他同学吵架决斗而被学校关禁闭一天。

他当时还有一个问题是难以有效规划和控制自己的开支。从他和父亲的通信来看，他在波恩读大学一年就花掉了 700 塔勒，当时有钱人家的小孩一年也不过花费 500 塔勒。这些账单自然由父亲亨利希垫付，但好在这些钱大多花在学习和购置书籍上，亨利希虽生气但也会照单全付。

不过，花钱大手大脚、依靠别人救济、既不会挣钱也不会合理花钱，貌似是马克思一生的特点。

在波恩大学时，马克思会用自己大部分的时间进行诗歌创作。在给家人写的书信中,马克思也会附上自己写的诗歌。对于儿子的诗歌,亨利希曾多次委婉地表达:"顺便提一句,你的诗我逐字逐句地读过了。亲爱的卡尔,我坦率地对你说:你的诗,无论就它的真正含义,还是就它的倾向来说,我都不理解。""我毫不掩饰地对你说:你的天分着实使我感到高兴,对它我寄予很多期望,但是,如果看到你成了一个平庸的诗人,我会感到伤心的。"

马克思的行为引起了父亲亨利希的不满。于是在马克思入学一年后,父亲将其转至柏林大学继续学习法律和财政学课程。柏林大学是德国学术、思想和文化的中心,是当时德国乃至整个西方世界的最高学府,学术氛围十分浓厚。

马克思转入柏林大学后,亨利希担心他仍然沉溺于诗歌创作,就在写给马克思的信中时时提醒,"要是诗歌不能使生活变得美丽、变得幸福,那也把它抛掉"。但是与燕妮的恋情和浪漫的大学生活成功激起了马克思对浪漫主义和诗歌的兴趣,所以他并没有听取父亲的劝告。进入柏林大学学习的第一年,他就把自己完全封闭隔离起来,沉浸于艺术创作。抒情诗是他诗歌创

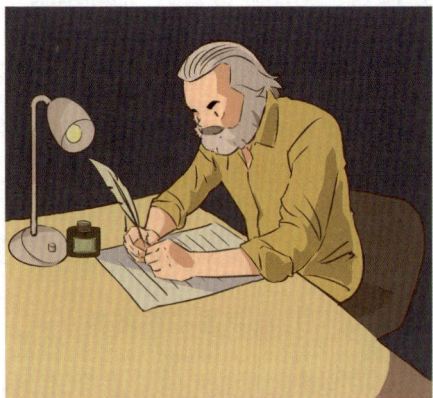

作的首要题材，马克思本人也曾说过，抒情诗的写作是最愉快最合意的。短短几个月，马克思就为自己的未婚妻燕妮创作了三部诗集，分别是《爱之书（第一部）》《爱之书（第二部）》和《歌之书》，并为父亲亨利希也创作了一部诗集，甚至一度想要父亲资助他将所写的诗集出版发行。

好在受柏林大学严谨学风的影响，马克思很快便从诗歌创作投入哲学思辨之中。他意识到"写诗可以而且应该仅仅是附带的事情，因为我应该研究法学"。不过，在广泛阅读大量法学著作后，马克思逐渐得出这样一个结论：想要倾力于法学，必须先攻哲学。因为这两个学科是紧密相连、密不可分的。

青年时代的马克思最先信仰的是康德和费希特的"理想主义"，即认为最高的存在是脱离尘世的浪漫主义的主观主义者。他希望自己能够像康德那样，在学术上建构出一种类似几何学的法哲学体系，但尝试几次后都以失败告终。这也直接导致马克思原有的哲学世界观彻底崩塌。

当时占据柏林大学主导地位的是黑格尔哲学，可其晦涩的文字、保守的著作外观并没有激起马克思的研究兴趣。但本着探索真理的态度，马克思重读了黑格尔的著作，并将其与康德和费希特的学说进行了对比，结果发现黑格尔哲学中的辩证法恰好可以克服康德哲学中太抽象、太空洞、太脱离实际的弊端。自此马克思便转向了黑格尔哲学,并积极投入学习中。

后来,在朋友的引荐下,马克思加入了由青年黑格尔派组成的"博士俱乐部",组织成员大多年轻且思想激进。与之相对的就是老年黑格尔派,其固守黑格尔的唯心主义体系,认为"绝对精神"是一切事物唯一的本原。正是在这个组织中,马克思遇到了自己青年时期的人生导师——布鲁诺·鲍威尔,并且很快就因个人才能成为俱乐部中活跃的核心人物。

1838年5月,马克思的父亲亨利希去世,这件事让本来就已偏离法学学习而专注哲学研究的马克思基本放弃了对法学的钻研。这一时期,鲍威尔前往波恩大学任教,他希望马克思一起去。于是,在1840年下半年,马克思便开始写作他的博士论文《德谟克利特的自然哲学和伊壁鸠鲁的自然哲学的差别》,并在论文中提出了自由思想。

1841年初,他写完博士论文。按照博士学位培养程序,他必须通过论文答辩才能拿到学位。但是当时的柏林大学日趋保守,马克思在文中提出的自由观念很难获得教授们的认可。于是在鲍威尔的建议下,马克思将论文寄到了耶拿大学。在19世纪,耶拿大学是近代欧洲思想运动的中心,也是法学研究的重镇。德国古典哲学代表人物费希特、谢林、黑格尔、费尔巴哈都曾在那儿任教,学风自由开明。

1841 年 4 月 6 日，马克思将论文寄给耶拿大学哲学系。耶拿大学哲学系主任巴赫曼教授和他的同事们在收到这篇论文后给予了很高的评价。4 月 15 日，在马克思本人未到场的情况下，答辩组专家全票通过，决定授予马克思耶拿大学哲学博士学位。拿到学位后，马克思便打算到波恩大学任教。

但遗憾的是，博士学位还没捂热乎，马克思就收到了消息：他的导师鲍威尔因为言论被波恩大学开除了。马克思到大学任教的计划也就落空了。

不过很快，马克思便将目光投向了言论自由、针砭时弊的《莱茵报》。他文思泉涌、妙笔生花，为《莱茵报》撰写了很多政论文章，《莱茵报》便向他发出了邀请信。于是在 1842 年 10 月，马克思以编辑身份开始了自己人生中的第一份正式工作。而正是这份工作，使马克思的思想再次发生了巨大的转变。

刚刚走出大学"象牙塔"的马克思自信地认为黑格尔已知晓全部真理，坚信自己只需用所学知识去分析问题、解释现实，便能等待和见证这种真理影响社会、改变社会。但现实给了他重重一击，他发现自己在大学里研习的黑格尔辩证法越来越无力应对社会现实。他后来将这一时期称为《莱茵报》时期"苦恼的疑问"。而正是这个"苦恼"让马克思从政治学、法学的研究转到了经济学领域。

那么,马克思的"苦恼"究竟是什么呢?

在 19 世纪初,德国将原来农民共同使用的森林、草地等公共资源进行大规模的私有化。这一过程当然遭到了农民的强烈反对,所以德国政府便出台了林木盗窃法,规定农民一切砍伐林木的行为都是侵害林木所有者利益的"盗窃"行为,都应当以盗窃罪来论处,甚至捡拾枯树枝也是"盗窃"。

这让马克思非常矛盾。因为按照思想导师黑格尔的说法,国家和法律是充满理性的,普鲁士政府是一个"理想国家",应该永远维护大多数人的利益,但林木盗窃法的实施与黑格尔的论调相悖。对此马克思非常恼怒,撰写了《关于林木盗窃法的辩论》一文,抨击法律的虚伪,并旗帜鲜明地站在了劳苦大众这一边。在深深扎入社会、全面投入报社具体工作的过程中,马克思撰写了一系列反映摩泽尔地区农民穷困生活的文章,引起了当地政府的不满和抨击。为此马克思又写了《摩泽尔记者的辩护》,作为对政府的污蔑和普鲁士腐朽的封建专制制度的有力回击。

两次事件使马克思对法律和政府渐趋失望,同时也在客观上促进了他对黑格尔哲学的批判和反思。马克思逐渐认识到,黑格尔的哲学是为封建专制制度和普鲁士政府作辩护的工具,黑格尔的概念辩证法是抽象的、是与现实相对立的。

大学读书期间,马克思专注于哲学和法学的研究,对经济问题知之甚少，而担任报社编辑工作，使他深入了解现实生活的各个方面。他逐渐明白："人们奋斗所争取的一切，都同他们的利益有关。"即使是表面上与物质利益关系不大甚至没有关系的事件，实际上都是由它背后的利益决定的。正是在这样的认识下，马克思开始了他的经济学研究。

与此同时，他的文章遭到了反动政府的仇视。1843 年 4 月 1 日，《莱茵报》被普鲁士查封。马克思主编《莱茵报》仅仅五个多月，但他在此期间勇敢地对普鲁士政府的封建专制制度发起了抨击，这也是马克思革命事业的开端。

青年的马克思虽然在不断调整自己的研究领域，但是不论身在何地、身份如何变化，他始终坚守着自己在 17 岁时立下的"为大多数人带来幸福"的志向和抱负，并最终在思想的转变中寻找到了实现人类解放的现实力量。

3 他是天才，也是实干家

你知道马克思是哪国人吗？

很多人会肯定地回答：是德国！或者说普鲁士。

但其实马克思是没有国籍的，他是一位"世界公民"。

这个故事要从 1843 年《莱茵报》被查封后讲起。

《莱茵报》的投资人中有一位后来成了普鲁士首相，名叫鲁道夫·康普豪森，他非常欣赏马克思的才华。他听说马克思辞去主编一职后，便一直鼓动马克思入阁，担任财政部部长或国家银行的行长。但是马克思拒绝了这份好意。

1843 年 6 月，马克思先是回到了家乡特里尔城，与自己青梅竹马的爱人燕妮结婚。在蜜月旅行之后，他接受了好朋友阿尔诺德·卢格的邀请，前往法国巴黎担任《德法年鉴》的主编一职。

马克思之所以答应邀请，一方面是因为从小听父亲朗诵卢梭、伏尔泰的作品，另一方面是因为自己深受德国古典哲学的熏陶,所以当卢格提出办一份杂志,同时研究德国和法国两国的理论动态时,马克思便毫不犹豫地答应了。

在法国巴黎期间,马克思并没有因为在《莱茵报》工作时遇到的打击而停止革命和创造。相反,他继续保持着战斗者的状态,经常参加社会主义性质的聚会。在与无产阶级的接触中,他越来越关注工人运动,并进行了对古典哲学的深度思考。

马克思在《德法年鉴》上先后发表了《论犹太人问题》《〈黑格尔法哲学批判〉导言》等文章。在《论犹太人问题》中,他提出犹太民族的境遇是由他们的狭隘性造成的,甚至批判自己的导师鲍威尔没有真正理解人的解放的思想内涵,把人的解放和政治解放混淆了,因此曲解了现代国家的本质。在《〈黑格尔法哲学批判〉导言》中,马克思在对国家理论、政治法制批判的基础上,更加强调对资本主义经济制度的批判,揭示了资本主义社会中国家和市民社会的脱节,并进一步强调了唯物主义的观点,提出"革命需要被动因素,需要物质基础"。这些文章的发表说明马克思对现实有了更深入的理解。

但是《德法年鉴》发表的文章政治色彩太过浓厚,很快便引起了法国、德国及其他国家进步分子的关注,也招致了反动同行的污蔑和德国当局的迫害。普鲁士政府很快下令查封杂志,并下达了对马克思的逮捕令,马克思开始成为一个政治避难者。

法国政府迫于普鲁士政府的压力,再次将马克思一家逐出了巴黎。于是在 1845 年 2 月,马克思带着生病的妻子燕妮和未满周岁的女儿来到了比利时布鲁塞尔。初到比利时时,马克思向比利时政府承诺将不针对当代政治问题发表意见。但雄鹰怎能不翱翔?很快,他便与德国哲学家莫泽斯·赫斯、德国作家卡尔·海因岑等来自欧洲各地的社会主义者会面。到了 4 月,恩格斯也从德国巴门搬到布鲁塞尔,与马克思会面。同时,正义者同盟内部越来越多骨干成员也前往布鲁塞尔并且以此为据点。

1845 年 12 月,迫于普鲁士政府要求引渡的压力,马克思选择放弃普鲁士的国籍,从此成为一个没有国籍的"世界公民"。

脱离祖国并没有让马克思难过太久。他专心投入与恩格斯合作的《德意志意识形态》的写作中。在这本书中,马克思、恩格斯批判了黑格尔的辩证法与费尔巴哈唯物主义的不彻底性,首次系统地阐述了自己所创立的历史唯物主义。《德意志意识形态》大体上以幽默讽刺的形式撰写,即便如此,仍然没有获得审查机关的批准,一直到 1932 年才在苏联首次以原文出版。

《德意志意识形态》完成后,马克思开始将工作重心从原本的对理论概念的界定,转向对现实无产阶级革命运动的策略制定上。他提出,一定要利用阶级所重视的物质利益来动员群众力量,这是进行社会变革的最佳方式。

　　1846 年，马克思和恩格斯领导布鲁塞尔共产主义通讯委员会；1847 年，二人应邀参加正义者同盟第一次代表大会。在二人的劝说下，正义者同盟改名为共产主义者同盟，同盟的口号"人人皆兄弟"改为"全世界无产者，联合起来！"在第二次代表大会时，同盟邀请马克思和恩格斯为其撰写行动纲领。1848 年 2 月，由马克思和恩格斯共同起草的《共产党宣言》正式发表，标志着马克思主义的诞生。

　　随后在 1848 年 4 月，马克思和恩格斯来到德国科伦创办《新莱茵报》。1849 年 2 月，普鲁士当局以侮辱检察官和诽谤宪兵的名义传讯马克思。虽然马克思据理力争、被判无罪，但是 3 个月后，他再次收到了普鲁士政府的驱逐令。《新莱茵报》被迫停刊，马克思再次流亡。

　　1849 年 8 月，马克思来到英国伦敦。虽然远离欧洲大陆，但他没有放弃领导工人运动和理论宣讲。他加入了伦敦德意志工人教育协会，宣扬《共产党宣言》的理论思想，并创办了杂志，在上面发表了多篇政论文章。如《1848 年至 1850 年的法兰西阶级斗争》，全面分析了法国革命。他指出，法国革命失败的最主要原因是工人阶级没有成为革命的主力军，革命的历史火车头应该由无产阶级来驾控。在《路易·波拿巴的雾月十八日》中，马克思用唯物史观对资本主义国家机器的本质进行了探讨，基于社会发展的

一般规律提出,在资本主义世界中,只要社会还存在普遍繁荣,
"即在资产阶级社会的生产力正以在整个资产阶级关系范围内所
能达到的速度蓬勃发展的时候,也就谈不到什么真正的革命。只
有在现代生产力和资产阶级生产方式这两个要素互相矛盾的时
候,这种革命才有可能"。这也解释了为什么资本主义国家存在
至今。

　　身处英国这个当时最发达的资本主义国家,马克思得以对资
本主义的矛盾和冲突有更深的体会,为马克思撰写《资本论》提供
了重要素材。1867 年《资本论》第一卷出版,为无产阶级革命奠定
了坚实的理论基础,令科学社会主义成为系统的革命理论,推动

了后来无产阶级革命运动的高潮。马克思在晚年也一直关注欧洲各国工人运动的发展，直到 1883 年去世。

从 1845 年被法国驱逐到 1883 年离开人世，马克思流亡了近 40 年的时间，这使得他的几个子女分别出生在不同的国家。大女儿小燕妮出生在法国，二女儿劳拉和三儿子埃德加尔出生在比利时，四儿子格维多、女儿弗兰契斯卡和爱琳娜以及刚出生便夭折的甚至没有名字的小儿子都出生在英国。

常年的流亡生活，缺医少药、衣食不足，使得马克思和燕妮的 7 个孩子中的 4 个在未成年时便夭折，这让他们悲痛欲绝。尤其是 1855 年，8 岁的儿子埃德加尔因病夭折，让马克思深受打击。在给恩格斯的信中，他悲伤地说道："我已经遭受过各种不幸，但是只有现在我才懂得什么是真正的不幸。"

活着的人，日子也愈加艰难。因为家庭生活穷困，马克思甚至没有像样的外衣和裤子，很多情况下都出不了门。由于没有稳定的收入，他们一家经常吃的就是面包和土豆，他的子女们最熟悉的地方是英国的当铺。

马克思在给朋友的信中经常自嘲这种艰难。他说："一个星期以来，我已达到非常痛快的地步：因为外衣进了当铺，我不能再出门，因为不让赊账，我不能再吃肉。""债务自然大大增加，以致一切最必需的东西都送进了当铺，全家穿得破烂不堪，家里已经十天没有一文钱了。"

　　长期的营养不良和伏案写作也使得马克思的身体状况越来越糟糕。家族有遗传的肺结核和肝病，他身上还长了一种恶性的脓疮，一坐下来就会引起肌肉拉伸带来苦痛，因而马克思需要经常保持站立姿势，在给工人宣讲时，他基本就是站着的。到了晚年，他还患上了化脓性的汗腺炎、胸膜硬化、呼吸道过敏等种种病痛。

　　然而，就是在这样贫困潦倒、病痛加身的情况下，马克思写出了《共产党宣言》《资本论》等改变世界的伟大著作。

　　马克思不是没有恐惧，也不是没有绝望，他的伟大之处在于，他从来没有被这种恐惧和绝望所压倒。他总是看似被残酷的现实打败了，但很快又以惊人的战斗力振作了起来。马克思之所以能够一直坚持下去，是因为他"时刻希望我们两人还要在世间共同做一些有意义的事情"，"我们"当然是指他一生的战友——恩格斯；而"有意义的事情"便是为无产阶级和全人类的解放事业而奋斗。

4 从"独行侠"到"众行远"

在微信能够传情达意的当下,设想一下:如果马克思生活在今天,那他的"朋友圈"会是怎么样的呢?他的微信好友,你会想到谁呢?

当马克思与工人越走越近,他的唯物史观开始萌芽,他挥手告别青年黑格尔派,开始为建立一套新的理论体系而战斗。当战斗号角吹响的时候,马克思并不是孤身作战,而是有一帮志同道合的朋友与其同行。

在马克思的朋友列表中,如果有一个被"置顶"的人,那一定是恩格斯。马克思在给匈牙利革命家贝尔塔兰·瑟美列的信中曾写道,"恩格斯,您应当把他看作是我的第二个'我'"。这是马克思对二人亲密关系最确切的评价,也是二人友谊的真情流露。列宁也曾指出:"他们的关系超过了古人关于人类友谊的一切最动人的传说。"

恩格斯比马克思小两岁，1820 年出生于普鲁士莱茵省巴门市，父亲是纺织工厂的厂主，思想保守、笃信宗教。1837 年恩格斯中学还没毕业，父亲就要求他退学，到工厂里当一名办事员。可以说恩格斯就是我们所说的一生被父亲安排的"富二代"。但是他本人并不满意这样的安排，在进入商行以及后来到柏林服兵役期间，一直努力地阅读、写作。所以即使没有上过大学，青年恩格斯在认识问题、分析问题方面也远超当时的一些知识分子。在柏林服兵役期间，恩格斯通过青年黑格尔派的朋友，知道了马克思。他对马克思的学识十分佩服，称马克思为"面色黝黑的特里尔之子"。

1842 年 11 月，恩格斯特意赶到科伦的《莱茵报》编辑部去见马克思。但马克思误将恩格斯当作他看不起的"自由人团体"的成员，因此两人的第一次见面不欢而散。

随后的 1842 年至 1844 年，恩格斯长期住在伦敦。他深入地了解了这个世界工业中心的生产力的巨大变革,也看到了无产阶级在资产阶级压迫下的悲惨处境。基于对现实的考察,恩格斯写出了《政治经济学批判大纲》,并把文章寄给了马克思主编的《德法年鉴》。马克思对这篇文章大为赞赏。彼时,马克思正深感自己经济学知识不够,认为必须深入资本主义经济结构的矛盾中才能建立坚实有力的理论基础,恰好恩格斯有着丰富的对于资本主义实践的思考。两个有趣的灵魂终于有了交流的机会。

1844 年 8 月底,恩格斯从曼彻斯特回德国,专门绕道巴黎,与马克思见面。他在马克思家里住了 10 天。他们发现彼此在经济学、哲学、历史等一切理论问题上的意见完全一致,这为两人一生的友谊打下了重要基础。

在 1844 年 8 月的第二次会面中,两人着手对黑格尔唯心主义哲学和费尔巴哈人本主义哲学进行全面清算。一年后,两人合作的第一部作品《神圣家族》出炉,批判了青年黑格尔派的主观唯心主义,并初步论述了历史唯物主义的思想。又一年后,二人合写《德意志意识形态》,这部著作第一次系统地阐述了历史唯物主义的基本原理,标志着马克思主义哲学思想的成熟。

在此期间,由于马克思的文章让普鲁士当局恼羞成怒,法国迫于压力,于 1845 年 1 月开始对马克思进行驱逐。远在巴门市老家的恩格斯一听到这个消息,就立刻四处打听马克思一家的新住处,并汇钱给他交房租、解决家人的一日三餐。

1848年2月,两人合著的《共产党宣言》正式发表,标志着马克思主义的诞生。随后,他们积极投身于工人运动,向工人阶级宣扬自己的理论与思考。1848年底,恩格斯甚至带上两箱子弹返回家乡参加工人运动。当战斗失败后,恩格斯随部队撤到瑞士。此时的马克思躺在病床上,当他得知恩格斯没有带钱时,便立马拖着病躯去银行取出所有存款寄给恩格斯。

后来,当马克思多次被欧洲各国驱逐、没有稳定工作、仅靠微薄的稿费维系一家人生计的时候,恩格斯对他进行了无私的援助,为马克思专心进行理论创作、领导各国工人运动提供重要保障。正如列宁所说:"如果不是恩格斯牺牲自己而不断给予资助,马克思不但无法写成《资本论》,而且势必会死于贫困。"

当然,马克思与恩格斯的聊天也并非大多数人想象的那样严肃,两人经常互相调侃。有一次,他们通信中断了,马克思十分焦急,立即写信询问:"亲爱的恩格斯,你是在哭还是在笑?是在睡觉还是醒着?最近三个星期,我往曼彻斯特寄了各种各样的信,却没有收到一封回信。"1863年5月,由于多日没有收到马克思的信,恩格斯写信问道:"老摩尔,老摩尔,大胡子的老摩尔!你出了什么事,怎么听不到你一点消息?你有什么不幸,你在做什么事情?你是病了,还是陷入了你的政治经济学的深渊?"

为什么恩格斯称呼马克思为"老摩尔"呢？因为恩格斯觉得马克思长得非常像非洲的摩尔族人。

作为马克思最亲密的战友，恩格斯一生都与马克思为共产主义事业并肩战斗。在1883年马克思去世后，恩格斯更是停下手头的所有工作，全力投身于马克思未竟的《资本论》后两卷的出版工作，而自己热爱的《自然辩证法》则成为一部永远无法完成的手稿。

除了恩格斯，马克思好友列表中还有个"星标好友"，那就是比马克思年长21岁的德国著名抒情诗人和散文家，被称为"德国古典文学的最后一位代表"的海因里希·海涅。

1843年，这对忘年交在法国巴黎相识，当时马克思25岁，海涅46岁。年龄的差距并没有阻碍两人的交往。海涅几乎每天都要兴冲冲地跑去马克思家里，给马克思和他妻子燕妮朗诵自己的新作，听取他们的意见。甚至有一次，他去的时候刚好遇到马克思的孩子在抽搐，年轻的马克思夫妇不知所措，还是海涅对孩子进行了抢救。马克思的女儿爱琳娜曾说，马克思是"海涅的最大的赞赏者"，而海涅则称马克思为"革命的哲学家兼伟大的理论家"。

在马克思的影响下，海涅的文风也日渐犀利。他逐渐摆脱了空想社会主义思想的束缚，更加接近科学社会主义。后来他逐渐开始为"现实主义"做贡献,直击欧洲资产阶级丑恶的嘴脸,因此也经常受到恶毒攻击。每当这时,马克思总是挺身而出维护海涅的革命言论。一个是流亡的革命家,一个是流亡的诗人,二人惺惺相惜。

1843 年,海涅撰写了他最著名的长诗《德国——一个冬天的童话》,这篇长诗由于具有极强的感染性和高度的政论性,一度被普鲁士政府禁止发表。同时期,马克思在《德法年鉴》上发表了文章《〈黑格尔法哲学批判〉导言》。仔细对比就会发现,这两部作品在思想层面具有共通之处。可以说,海涅的诗歌,为战斗中的马克思提供了启迪。

1845 年,由于法国当局的驱逐,马克思被迫离开巴黎前往比利时。在动身之前,他给海涅写了封告别信:"在我留在这里的所有的人中间,和海涅离别使我最为难过,我恨不得把你也装在我的行李里带走。"可以说,海涅是马克思离开巴黎后真正想念的人。

当然,马克思在巴黎的好友不止海涅一人。还有一个人,按今天的话来说,他总会第一个"点赞"马克思的"朋友圈",并且"转发"马克思的"动态",这个人就是马克思的"铁粉"——卢格。

作为青年黑格尔派的代表人物之一,卢格创办了《德国年鉴》。1843 年《莱茵报》被查封后,他邀请被迫从《莱茵报》离职的马克思一起去法国巴黎创办《德法年鉴》。可以说没有卢格的邀请，也许马克思在短期内不一定会前往法国，见到海涅，也可能就收不到恩格斯的文章了。

但是在《德法年鉴》出版第一期时，卢格生病了，许多工作都由马克思自己完成，这使得期刊带有鲜明的个人风格和批判色彩，因而受到了普鲁士政府的打压，这让卢格非常害怕。而且由于出版资金紧张，卢格很快就将仅出版一期的《德法年鉴》给关停了。他当初给马克思承诺的500塔勒年薪当然也就没有兑现，而是用印刷出来的《德法年鉴》书稿进行抵扣。曾有人计算过，500塔勒的购买力至少相当于现在的10万元人民币。这笔损失对于本就不富裕的马克思来说无疑是雪上加霜。

到了后期，卢格与马克思之间的分歧主要是观念上的。卢格严谨简朴，且对于工人运动表示怀疑，他仍在黑格尔哲学的框架中思考现实问题，将改革的希望寄托于理性的国家，因而与马克思越走越远。但其对马克思一生的影响是不容忽视的。

马克思一生与人为善，在其交往的朋友中，既有如费尔巴哈、威斯特华伦等思想上的领路人，也有像沃尔弗、李卜克内西、倍倍尔、库格曼、琼斯、拉法格等与马克思同声相应、同心相知的革命战友。他们因共同的理论信仰、一致的革命目标而并肩作战，为工人革命运动和共产主义事业作出了无私的贡献。

第二章

群星闪耀时：它们为何是经典

马克思的书太多，不知道该看哪本

《德意志意识形态》

《德意志意识形态》：使马克思主义哲学从稚嫩走向成熟

《共产党宣言》

《共产党宣言》：让世界看到未来的曙光

《资本论》

本台记者马克思揭露资本家的阴谋

《资本论》：揭露资本主义社会运行的本质

1 《德意志意识形态》：穿透迷雾的哲学之光

"既然我们已经达到了我们的主要目的——自己弄清问题，我们就情愿让原稿留给老鼠的牙齿去批判了"。马克思可能自己也没想到，他跟恩格斯合作的《德意志意识形态》真的如他所言，在 1846 年写作完成后，长期没有出版，一直被放在德国社会民主党档案库中，被老鼠翻来阅去。

直到 1932 年，苏共中央马克思恩格斯研究院才发表了该书的德文版全文。虽然被掩埋了 80 多年，但依旧不能损伤这本著作在马克思主义思想史上的地位。它就像一束哲学之光，穿透了千百年来人类认识史的迷雾。

那马克思到底在这本书中弄清了什么问题呢？

这就要从《德意志意识形态》的副标题入手。"对费尔巴哈、布·鲍威尔和施蒂纳所代表的现代德国哲学以及各式各样先知所代表的德国社会主义的批判"，由副标题可知，这本书实际上是对当时的青年黑格尔派哲学思想和社会主义思潮的批判。正如马克思在回忆这部著作的写作背景时所说的："我们决定共同阐明我们的见解与德国哲学的意识形态的见解的对立，实际上是把我们从前的哲学信仰清算一下。"

19世纪的德国，哲学思想蓬勃发展，位于世界领先地位，但与其他欧洲国家相比，其政治专制、经济落后的状态又是不可忽视的。这种矛盾就导致了以费尔巴哈、鲍威尔和施蒂纳为代表的青年黑格尔派哲学家们，逐渐习惯以超前的、脱离现实的哲学思维来主观建立事物间的联系，以概念界定来弥补和克服现实对人的种种制约，使德意志意识形态更加依赖于想象力而非现实的政治经济情况。这种情况类似于鲁迅先生笔下阿Q的"精神胜利法"。

于是马克思和恩格斯首先对这种意识形态与现实的错位进行了批判。他们指出，青年黑格尔派虽然总是能够以激烈的词句掀起哲学界的一次次骚动，但是只是用词句来反对这个世界的词句，而不是反对现实世界。因此，青年黑格尔派的批判是盲目相信精神、撇开现实的纯粹想象。

如何从根本上克服这种问题？马克思和恩格斯提出："德国哲学从天国降到人间；和它完全相反，这里我们是从人间升到天国。"显然，"天国"指的是人们的思想观念，"人间"即现实的生活。马克思和恩格斯与青年黑格尔派最大的不同，就是他们是从现实出发理解思想和观念的,这也是二人世界观的一个重要体现:"我们不是从人们所说的、所设想的、所想象的东西出发,也不是从口头说的、思考出来的、设想出来的、想象出来的人出发,去理解有血有肉的人。我们的出发点是从事实际活动的人,而且从他们的现实生活过程中还可以描绘出这一生活过程在意识形态上的反射和反响的发展。"马克思和恩格斯在对德意志意识形态进行批判的过程中,发现了现实生活的真正起源来自物质实践,由此开启了重新解释人类历史进程的唯物史观的科学阐发。

物质生产在过去很长一段时间内被认为是人类历史进程中不重要的一部分,但马克思和恩格斯在《德意志意识形态》中指出,物质生产是人类历史进程中起着决定性的基础条件。"人们为了能够'创造历史',必须能够生活。但是为了生活,首先就需要吃喝住穿以及其他一些东西。因此第一个历史活动就是生产满足这些需要的资料,即生产物质生活本身,而且,这是人们从几千年前直到今天单是为了维持生活就必须每日每时从事的历史活动,是一切历史的基本条件。"简单来说,人类要生存就要生产物质,没有了物质,人

类就无法存在。所以说,物质生产贯穿人类整个历史进程。

当生产的物质足够多时,人们便用其来与其他人进行交换、获取自己所需的物品,由此开始了人与人之间的社会交往。在交往中,大家互相模仿、学习、更新自己的生产技术,使得生产力不断提高。相应地,人与人之间的交往形式也会变得更加多元。这种由物质生产所形成的社会关系会表现为一定的社会关系类型或社会形态,它们的不断更替就形成了"历史"。可见,人类的历史是由生产生存必需品的活动需要所决定的,"它完全不需要似乎还把人们联合起来的任何政治的或宗教的呓语存在"。换言之,人饥饿的时候,一块面包一定比黑格尔本人的宣讲更加动人。

所以,尽管马克思和恩格斯在《德意志意识形态》中尚未提出"生产关系"这一概念,而是用了"交往形式"来形容人类之间的联系,但我们仍可以提炼出"生产力决定生产关系,生产关系反作用于生产力"这一基本原理,这也是唯物史观的重要理论基石。

既然生产力决定生产关系,那么当生产力足够发达时,就需要足够先进的生产关系与其相适应,这种生产关系在马克思看来就是共产主义。因此,当很多人将共产主义视为空想时,马克思和恩格斯坚定地认为:共产主义不是一种乌托邦,而是一定会实现的。

从唯物史观来看,共产主义作为一种美好的社会形态,是建立在生产力高度发达的基础上的，此时人们不用再担心自己是否有足够的物质维持生活。换言之，如果生产力还没有达到足够发达的地步，人们就必然要为了生存争夺各种必需品，就会进一步地交往，从而促进生产力向前发展。

那是不是说只要我们按图索骥，按照共产主义的目标来建设，共产主义就会自动实现呢？马克思和恩格斯在《德意志意识形态》中对这种观点也进行了批判。他们把这种想当然看作是"应然理想"，即抛开事物发展中遇到的各种矛盾和困难，理想化地认为事物应当是能够实现的。如果将实现共产主义看作是一个必然自动实现的目标，而完全忽略不同国家中不同的政治、经济、文化、历史等因素的干扰，恰恰会使共产主义成为具有普遍适用性的乌托邦的代名词。

所以马克思和恩格斯一直强调，"对实践的唯物主义者即共产主义者来说，全部问题都在于使现存世界革命化，实际地反对并改变现存的事物"。要实现共产主义，就要在实践中完成，需要人类长期的革命运动，这种革命既包括用暴力推翻旧有的资产阶级统治基础，也包括对限制生产力发展的生产关系进行改革，涉及经济、政治、社会、文化等方方面面。归根结底，就是要在物质生产的实践中实现共产主义，这是一个历史的活动过程，而不是纯粹的思想活动。

　　至此,《德意志意识形态》完整地批判了青年黑格尔派以神秘化哲学概念对现实与理论的颠倒,基本上完成了对黑格尔唯心主义哲学和费尔巴哈等人的批判,清算了一直以来德意志意识形态领域主流哲学思想的固有缺陷,对唯物史观的基本原理进行了系统的阐释。该书第一次简要论述了生产力和生产关系的辩证关系,这给了人们一把理解人类社会全部结构和历史进程的钥匙。

　　人类历史每个特定时期的观念、思想都根源于当时的社会情况,是全部社会存在的真实反映。不同的经济基础、社会制度必然会造成意识形态领域的差异、矛盾甚至冲突。技术变革下的时代,我们拥有更多元的信息获取渠道,各种思想言论相互交织,各种社会意识冲击头脑,新媒体时代的言论自由度显著提高。在这样的情况下,我们更需要具备甄别和判断真实、客观信息的能力,形成对非主流意识形态的批判性认识,在积极的实践中以少年的力量为社会发展作出贡献。

2 《共产党宣言》：全世界无产者联合起来

1920 年 2 月的一天，在浙江义乌分水塘村的一间柴房里，一名青年正在煤油灯下埋头工作，春寒料峭、冷风飕飕，青年时不时站起来搓搓手、跺跺脚，驱走严寒。母亲心疼儿子日渐消瘦，主动端来刚出炉的一盘粽子和一碗红糖，嘱咐他趁热吃掉。谁知等母亲过会儿进去收盘子的时候，发现：粽子是吃掉了，红糖一点儿没动。再仔细看儿子的嘴，竟然黑乎乎的。

原来青年吃粽子的时候过于专注，误把墨汁当红糖给蘸着吃掉了，而他全程都没发现。经母亲提醒后，青年抹抹嘴，笑着对母亲说：这墨汁与粽子搭配起来吃，甜得很！甜得很！

这名青年叫陈望道，时年 29 岁。当时让他觉得"甜得很"的工作，就是翻译我国历史上第一本中文版《共产党宣言》。为了完成这项工作，他在老家闭关修炼了近 2 个月。

到底是怎样的一本书，能让陈望道如此痴迷？

　　《共产党宣言》是年仅 30 岁的马克思与恩格斯共同起草的共产主义者同盟纲领。1848 年 2 月一经问世就震动了世界,成为国际共产主义运动的第一个纲领性文件,也成为"从西伯利亚到加利福尼亚的千百万工人公认的共同纲领",标志着科学共产主义的诞生。这本书不仅是一部划时代的、科学洞见人类社会发展规律的经典著作,也是一部文采飞扬、语言优美的文学作品。它并不是马克思和恩格斯凭空创作的,而是人类社会发展,尤其是近代资本主义社会发展的产物。

　　马克思和恩格斯研究发现了人类社会发展的基本规律,即生产力与生产关系之间的矛盾运动规律,并运用这一规律研究资本

主义社会的演进历程,最终提出"资产阶级的灭亡和无产阶级的胜利是同样不可避免的"这一结论。可以说,《共产党宣言》对资本主义的批判和预言并不是道德批判或恶意诅咒,而是将其置于人类社会发展基本规律的框架内进行论述,是一个不以任何阶级的意志为转移、建立在人类实践基础之上的严谨的科学结论。

19世纪上半叶,欧洲正经历着一场空前的社会变革。资本主义的生产关系逐步巩固,以蒸汽动力革命为基础的工业化迅猛发展,工厂林立,机器轰鸣,火车行驶,轮船远航……这一切令人目不暇接的新景象,标志着人类工业文明的到来。然而,资本主义的发展也给人类带来了问题。在资本主义国家,经济危机频频发生,贫富差距不断扩大,社会矛盾日益突出,无产阶级和广大劳动人民的生活艰难困苦。

也曾有工人阶级试图反抗。19世纪30—50年代,先后爆发了法国里昂工人起义、英国宪章运动、德国西里西亚纺织工人起义等大规模的工人运动,标志着无产阶级作为独立的政治力量开始登上历史舞台。不过,由于缺乏科学的理论指导和有力的政党领导,这些运动相继失败。

时代呼唤科学的理论。《共产党宣言》就是这样一部回应时代问题的作品。

马克思和恩格斯首先对社会阶级的产生和发展进行了分析。

他们指出:阶级是历史的产物,是由生产力水平所决定的。在原始社会末期,金属工具的发明和广泛使用,使共同劳动的生产方式慢慢被个体化的劳动所代替,大幅提高了生产效率。个体所生产的产品不仅能满足自己的需要,还有了剩余,于是就有了交换。部落之间的产品交换,产生了大分工,即农业和手工业的分工。随着部落成员在生产环节中占有生产资料的地位不同,管理者、自由农民和个体小生产者的阶级开始出现,私有制由此产生并发展起来。

由此可见,阶级是人类社会生产力发展到一定阶段的产物,也必然随生产力进一步发展而不断演变。

有了阶级之后,人类经历了奴隶社会、封建社会和资本主义社会。这些社会都存在着两个对立的阶级:奴隶社会中的奴隶主和奴隶;封建社会中的地主和农民;资本主义社会中的资产阶级和无产阶级。

机器的使用使封建社会传统的手工业生产方式逐渐被淘汰,生产力得以快速发展,所以马克思在《共产党宣言》中肯定地说:"资产阶级在它的不到一百年的阶级统治中所创造的生产力,比过去一切世代创造的全部生产力还要多,还要大。"资产阶级把人与人之间的一切社会关系变成了赤裸裸的金钱关系,也彻底改变了封建时代的道德观念,因而资本主义生产方式相对于封建制度来说，无疑是具有历史进步意义的。

但随着生产力进一步发展，资本主义生产方式的弊端日益凸显。当资本主义的生产关系越来越不能适应生产力的发展需要时，就会成为束缚生产力的一种力量，结果便是资本主义国家出现周期性的经济危机，无产阶级作为一支独立的政治力量登上历史舞台。他们的历史使命就是消灭资本主义私有制。

在原始社会初期，由于生产力水平低，没有剩余产品，原始人生产的产品只能满足自己的需要，私有财产和私有制也就无从谈起。生产力的发展是私有制产生的基础，交换的产生促进了私有财产的流通，进而巩固了私有制关系。

进入资本主义社会之后，资本的力量强化了私有制关系。由于无产阶级一无所有，只能出卖自己的劳动力。于是资本家以各种方式无偿占有工人阶级的劳动所创造的剩余价值，像滚雪球一样不断积累资本，但资本家提供的工资只能维持工人及其家庭的基本生存。这就使得工人的子女也没有足够的机会接受教育、改变命运，只能继续为资本家工作。由于劳动力越来越多，资本家可以继续下调工资，并且不用担心无人来应聘。

马克思痛斥，"资本来到世间，从头到脚，每个毛孔都滴着血和肮脏的东西"。更为现实的是，资本主义国家的法律制度保护着这种"人吃人"的生产关系，因为法律也是具有阶级属性的。所以，资本主义私有制与封建主义的剥削制度一样，都是少数人对多数人的剥削和压迫。

但是资本并不能无限增殖。因为在资本主义社会中，资本家只是极少数人，即使他们过着穷奢极欲的生活，也依然无法消耗掉社会所生产的全部商品。而由于无产阶级没有多余的收入来购买这些生存必需品之外的消费品，最终，资本主义社会会出现商品生产过剩、商品积压、资本家的投资得不到回报等情况，于是周期性的经济危机便爆发了。

这种周期性的经济危机其实就是资本主义社会中生产的社会化与生产资料的私人占有之间的矛盾的集中表现。由于这一矛盾的存在，"这个曾经仿佛用法术创造了如此庞大的生产资料和交换手段的现代资产阶级社会，现在像一个魔法师一样不能再支配自己用法术呼唤出来的魔鬼了。几十年来的工业和商业的历史，只不过是现代生产力反抗现代生产关系、反抗作为资产阶级及其统治的存在条件的所有制关系的历史"。这种危机也表明，"社会所拥有的生产力已经不能再促进资产阶级文明和资产阶级所有制关系的发展；相反，生产力已经强大到这种关系所不能适应的地步，它已经受到这种关系的阻碍"。因而，资产阶级不能再做社会的统治阶级了。

那谁来统治未来的新社会？

马克思和恩格斯回答说："随着大工业的发展,资产阶级赖以生产和占有产品的基础本身也就从它的脚下被挖掉了。它首先生产的是它自身的掘墓人。"这里说的"掘墓人",就是无产阶级。

无产阶级在反对资产阶级的斗争中具有彻底革命的性质,承担着推翻资本主义制度的历史使命,这是由无产阶级的特点和经济地位决定的。无产阶级处于资本主义社会的最底层,既无生产资料,又无政治权利,因而具有彻底的革命性。大工业生产使无产阶级富有组织性、纪律性和团结精神,在革命斗争中能够联合起来,形成反抗资产阶级的强大力量。无产阶级的历史地位决定了它能够代表一切被剥削被压迫人民的根本利益,能够团结人民为推翻资本主义制度、实现人类解放而斗争。

无产阶级和资产阶级的斗争尽管形式多样,但最终必然发展为夺取政权的政治斗争。在阶级社会中,国家政权本质上是"一个阶级用以压迫另一个阶级的有组织的暴力"。资产阶级为了维护自己的阶级统治,必然要运用国家的暴力工具来镇压无产阶级和劳动人民的反抗。因此,无产阶级也必然要"用暴力推翻资产阶级而建立自己的统治"。任何妄想通过和平的示威、游行、演讲等方式获得政权的想法都是不现实的。

无产阶级革命成功的标志是无产阶级取得政权,此后就进入新社会的建设过程,新社会建设的每一步都是革命的继续。《共产党宣言》特别强调，无产阶级取得政权以后，必须要改造旧的资产阶级生产关系、建立新的共产主义生产关系，但这是一个过程，不能一下子完成；对资产阶级的所有权和生产关系要实行强制性干涉，采取一系列过渡性措施。当然，这些措施在不同国家会有不同。

而在改造完成后，代替那存在着阶级和阶级对立的旧社会的崭新社会，即共产主义社会，将是这样的一个联合体，"在那里，每个人的自由发展是一切人的自由发展的条件"。

为了早日实现这样的自由，"全世界无产者，联合起来！"

3 《资本论》：资本的游戏里没有真正的赢家

从 2008 年的国际金融危机到 2023 年美国硅谷银行轰然倒下，从传统能源无节制开采到粮食能源危机，从全球气候变暖到生物多样性减少，从政党恶斗加剧政治极化到全球地缘政治形势紧张，当前的世界似乎充满了矛盾与危机。要理解这些现象，必须拨开笼罩在这个世界上的面纱，从本质上考察发达资本主义国家主导下的世界秩序和运行规律。

实际上，当前出现的经济金融危机、能源资源危机、生态危机、政治危机等，都是资本运动的结果。资本的矛盾运动不仅会出现在资本主义社会内部，也会随着商品和资本的流通出现在世界的各个角落。所以要看清这些危机，必须了解"资本"，必须回到马克思的《资本论》。

在《资本论》中，马克思以"商品"作为逻辑起点，创立了劳动价值论，并在此基础上，科学地揭示了剩余价值的来源、本质及其规律,从而揭开了资本家剥削工人的秘密。《资本论》共三卷,其中第二卷和第三卷是马克思去世后,恩格斯根据其手稿整理出版的。

《资本论》的第一卷出版于1867年。彼时,资本主义正处于蓬勃发展时期,欧洲的工业化进程不断推进,资产阶级与工人阶级的关系日趋紧张,失业率不断攀升,经济危机频繁爆发。马克思在这样的社会背景下开始考察"资本"的本质。

他首先从"商品"入手,因为商品是资本主义社会的经济细胞,"资本主义生产方式占统治地位的社会的财富,表现为'庞大的商品堆积',单个的商品表现为这种财富的元素形式。因此,我们的研究就从分析商品开始"。

当一个产品是以交换为目的而被生产出来时,这个产品就成为商品。商品是有使用价值和价值的:使用价值是商品满足社会需要的属性,例如,食物可以充饥,衣服可以御寒;价值是凝结在商品中的一般人类劳动,包括脑力劳动和体力劳动。价值量是由社会必要劳动时间决定的。例如,生产一支铅笔的社会必要劳动时间是1小时,那这支铅笔就值1小时的价值量;社会必要劳动时间是2小时,它的价值量就是2小时。所以,劳动创造价值,劳动创造财富,这就是马克思的劳动价值论。

由于社会分工的存在,不同的生产者会生产不同的商品。为了获得其他商品的使用价值，生产者之间会进行交换。马克思认为这个交换过程非常重要，因为只有顺利地交换了，买方才能使用商品，卖方才能盈利。然而，商品生产者生产什么、生产多少是由生产者自己决定的，在整个市场中可能存在无数个生产同种商品的生产者，所以商品能否顺利交换，不以人的意志为转移，需要在市场中受到检验。因此，马克思将商品交换过程称为"商品的惊险的跳跃"，如果跳不过去，损害的不是商品，而是商品生产者自己。尤其是当人类发明货币之后，"商品爱货币，但是'真爱情的道路决不是平坦的'"。如果商品卖不出去，积压在仓库，就容易造成生产过剩危机。

但问题是，资本家在买卖商品时进行的是等价交换，那么他们是如何赚到钱的呢？马克思分析指出，商品的交换过程确实依据等价交换原则，一手交钱一手交货。但是在商品生产的过程中，资本家利用了一种特殊的商品，从而赚到了钱。这种特殊的商品就是人的劳动力。

马克思指出，当劳动力成为商品时，就为货币转化为资本创造了条件。作为货币的货币和作为资本的货币是不一样的。货币是购买货物的媒介、度量价格的工具等；而资本用于生产过程，其目的是实现增殖。资本所增殖的部分就是资本家无偿占有工人创造的剩余价值的部分。

马克思把剩余价值分为绝对剩余价值、相对剩余价值和超额剩余价值。绝对剩余价值是指在劳动生产率和社会必要劳动时间不变的情况下，通过延长工人的劳动时间，并且不额外支付加班工资，从而产生的价值，简单来说就是"不给钱、多干活"。相对剩余价值是指在总的劳动时间不变的情况下通过技术创新、使用机器等手段，提高劳动生产率，缩短了必要劳动时间，相应获得的价值，简单点讲就是"时间不变、快点干活"。超额剩余价值是指个别资本家由于提高了劳动生产率，使自己商品的个别价值低于社会价值而多出来的那部分差额，通俗点说就是"成本减少、利润增加"。

超额剩余价值会引起其他资本家的眼红，于是所有人都去改进自己的生产技术，使得社会必要劳动时间下降，商品价值下降。等所有人的劳动生产率再次达到一致时，超额剩余价值就不存在了。这也是资本主义社会中资本家创新的动力。

随后，资产阶级会将增殖部分再转化为资本，或者说把剩余价值当作新的资本投入生产过程。马克思把这一现象称为"资本积累"。

资本家为了追求剩余价值，会尽可能地改进技术，提高劳动生产率，加快资本积累，并通过资本的积聚和集中来扩大生产规模。在生产技术水平不断提高的条件下，每个工人所能利用的生产资料的数量相应增加。比如手工缝制时，一个工人一天只能缝制 2 件衣服，但有了缝纫机之后，一个工人一天就能缝制 20 件衣服。所以资本家需要购入更多的生产资料以满足生产需求，比如缝纫机、布料等（不变资本）。相应地，对劳动力（可变资本）的需求下降，其结果就是大量工人失业。

这也是为什么当前科技水平越发达，人工智能应用的场景越宽泛，低技能的工人就越容易被代替。

大量工人失业后，为了找到新的工作，只能继续降低自己的薪资要求，此时资本家只需要支付更少的工资就能获得劳动力，工人的日子便越来越难过。所以马克思指出，资本主义生产方式的扩张，一定会导致两极分化，"在一极是财富的积累，同时在另一极，即在把自己的产品作为资本来生产的阶级方面，是贫困、劳动折磨、受奴役、无知、粗野和道德堕落的积累"。无产阶级被资本的锁链紧紧束缚。

随着货币资本的发展，借贷资本、银行资本、股份资本逐渐独立出来，继而形成了资本市场。股票、债券、公债、不动产抵押等有价债券，为资本持有者带来了一定的收入，并造成一种错觉：钱能生钱。继而衍生出了脱离实体经济和劳动的虚拟资本和虚拟经济，创造出一套投机、欺诈的活动。

但资本不会无止境地积累下去。

正如前文所说，资本家为了获得更多的超额剩余价值，会不断地提高不变资本，使可变资本的比例不断下降，即雇佣工人的工资减少了；而工人创造的剩余价值是资本家获得利润的唯一来源。因此，利润率会呈下降趋势，资本积累也会逐渐停滞。

为了阻止利润下降，资本家会试图追加资本或者使资本积聚，"使社会资本的绝对利润量日益增加，而使它的利润率日益下降"。利润率的下降又会加速资本积累，大资本家通过对小资本家的剥夺来加速资本集中，导致中小企业纷纷破产，最终影响到借贷给这些企业的中小金融机构，硅谷银行的倒闭潮就是类似做法的结果。

由此可以看出，利润率下降是一个客观规律，不以任何人的意志为转移，是资本扩张的必然结果。从这个意义上来说，资本家也只是工具人，服务于资本，最终被资本吞噬。

但是，资本主义制度发展到现在，已经有几百年的历史，它为何仍然存在？

这是因为资本主义生产方式存在生产扩大和价值增殖的矛盾——"利润率，资本主义生产的刺激，积累的条件和动力，会受到生产本身发展的威胁"。这种矛盾表明，在资本主义社会中，生产力与生产关系是无法以渐进的、安全的方式向前协同发展的，必然会导致周期性的经济危机。而无论以什么形式出现的经济危机,都是通过对社会生产力的极大破坏,从而强制地使这种矛盾得到缓解。

当代资本主义国家为了应对这种矛盾,出现了很多新的变化。对内通过福利制度缓解社会矛盾,对外通过与发展中国家的不平等交换,将自身矛盾、环境污染、能源资源消耗转移到其他国家,因此便出现了前文所说的诸多全球性的问题和矛盾。可以说,在资本主义国家主导的世界秩序中,没有人能获得真正的自由与发展。

但是,资本主义制度的自我调节不可能消除其基本矛盾。"如果说资本主义生产方式是发展物质生产力并且创造同这种生产力相适应的世界市场的历史手段,那么,这种生产方式同时也是它的这个历史任务和同它相适应的社会生产关系之间的经常的矛盾。"随着生产力的继续发展,资本主义的生产关系总有一天将无法再进行自我调节,资本权力将不可避免地走向崩溃的境地。因而可以说,资本不是自然本质,不是社会本质,而是历史本质。

当新生的世界来临,正如马克思呐喊的那样:"全世界无产者,联合起来!"你们在这个革命中失去的只是锁链,赢得的将是整个世界!

第三章

追问真理：伟大的思想者如何改变世界

少年，你是否有很多问号？

马克思的东西该怎么读懂呢？

今天的生活和马克思有什么关系？

马克思主义过时了吗？

1 今天的生活和马克思有什么关系

人类今天的生活和马克思本人、他的理想及理论之间，究竟有什么关系？这是一个重要问题，也是对马克思主义实践性的检验。

为了回答这个问题，首先我们要弄清楚，所谓"今天的生活"指的是什么？我们先把生活分为物质生活和精神生活两个方面。

物质生活主要指的是经济生活。今天，我们每一个人都可以参与社会的经济分工，能够通过劳动获得报酬，获取生活来源。假设你已经大学毕业准备成为一名"打工人"，此时便可以在市场上进行双向选择：企业可以选择你，你也可以选择不同的企业，在双方都愿意的情况下，你为企业工作，企业给你发工资。当然，你也可以用自己的知识积累或者资金去做生意，去进行各种创造，在为社会作出贡献中获得回报。总的来说，我们可以通过努力奋斗创造财富，活得更有尊严。

精神生活大致可以分为理想和兴趣两个方面。

理想可以很宏大，比如构思理想的社会并通过行动去推动其实现；也可以很具体，比如想从事怎样的职业，成为什么样的人，要达到怎样的人生成就，这些都可以去确立、去追求。

兴趣是指可以去做自己喜欢的事情，不管它们有用没用，投入其中时，你会感到快乐和幸福。比如，你喜欢做手工，喜欢美术和音乐，喜欢穿某一类风格的衣服，喜欢阅读哲学或者其他类型的书籍，这些爱好也许不会给你带来物质上的好处，但只要你不损害他人，而且能从中感受到热爱、体验到美，那就是好的兴趣。有时，我们还可以把兴趣和职业结合起来，比如做一位自由艺术家、一名记者、一个陶瓷匠人。当你既喜欢自己的工作，又能从中获得回报时，那就算很忙碌、很辛苦，你也不会感到厌恶。

总的来说，对于今天的生活我们有选择的自由，每一个人都可以努力过得体面、有尊严，我们喜欢的事物，只要无损于他人和社会，都应得到尊重。

那么，过去的生活是什么样子的呢？

由于历史太长了，过去的生活难以被描述得很清楚，但是马克思发现了一个秘密：人类社会中长期存在着阶级。阶级，简单来说，就是人被划分为不同的身份和等级，并由此产生了不同的境遇。上层阶级手握政治、宗教或者经济权利，可以作威作福、为所欲为；而下层阶级则遭受压迫、欺凌和剥削，从事着繁重的劳动，所创造的大部分财富还要被上层阶级拿走，没有尊严，更没有多少幸福感。

唐代诗人白居易的诗歌《卖炭翁》就是一个生动的例子，诗中描述了一个卖炭的底层老人，把炭卖给有钱人御寒，自己却衣衫单薄，冻得直发抖。为了能让炭卖个好价钱，他心里还希望天更冷一点——"可怜身上衣正单，心忧炭贱愿天寒"。即便如此，有权有势的人还是狠心地将他的炭抢走了。宋代诗人张俞写的《蚕妇》也对此进行了直白的控诉："昨日入城市，归来泪满巾。遍身罗绮者，不是养蚕人。"劳动的人享受不了劳动的果实，不劳动的人却拿走他人的劳动成果，并且生活得很好，甚至穷奢极欲——"朱门酒肉臭，路有冻死骨"。可见封建社会阶级分化，穷人被压迫。

还有很重要的一点，是下层劳动者没有自由选择权。他们有的耕种官僚、贵族的土地，从中得到小部分粮食以维持生活；有的替有权者、有钱人做工、当下人；有的从事手工艺劳动，地位低下、报酬微薄，而且往往世世代代都被限制在这样的职业和地位中。

到了资本主义时代，阶级分化就更加明显和剧烈了。马克思发现，资本主义社会越来越显著地被划分为资产阶级和无产阶级两大阵营，其他的阶级日渐消失了。各种类型的劳动者最后都在机器大生产的作用下，变成了工人，而资产阶级控制着政治和政府权力，旧时代的贵族、官僚要么变成资产阶级的一部分，要么成了受资产阶级控制的傀儡，其利益已经和资产阶级变得一致。

马克思生活的 19 世纪，工人阶级没有选择的权利。他们不是把劳动力卖给这个资本家，就是卖给另一个资本家，选择替谁工作，其实并没有本质区别。因为他们一无所有，必须选择出卖自己的劳动力，否则就没有活路。同时，由于没有议价权，他们只能忍受高强度、长时间的工作，获得勉强维持生活和卑微地养育下一代的收入，他们的子女长大之后同样没有选择的余地，只能继续成为工人。

马克思认为，资本家是人格化的资本。这句话的意思是，资本家的残酷剥削行为，其实是资本追逐剩余价值的表现。在资本的逻辑之下，这是必然的，而并不一定是因为资本家都是坏人。工人们可能会发现这个资本家比较苛刻，那个资本家略微温和一些，但这些表象背后是资本控制了整个社会的经济活动的真相。资本就像一头永远吃不饱的怪兽，不眠不休地驱使着所有人去满足它的增殖需求。资本天然的最大限度获取剩余价值的冲动，必然会让劳动变得残酷，也会把社会关系推向尖锐对立、难以调和的地步。马克思看到，要改变这种非人性化的现实，让每个人都活得有尊严，工人阶级必须奋起斗争，结束资本的统治。

马克思既是一位思想家,也是一个行动者,他看到了普罗大众的疾苦,洞悉了资本的秘密,发现了人类社会发展的根本规律,同时也成了一名彻底的革命者。他原本属于一个优越的阶级——出身于犹太拉比世家,父亲是律师,岳父是有爵位的贵族,大舅子是普鲁士的内务大臣,姨妈和姨夫创建了飞利浦公司,他只要"安安分分",就可以过上优渥的生活。但是,马克思无法接受少数人享受权利和财富而大多数人陷入贫困与痛苦的社会现实,便自觉地与原先所属的阶级决裂,义无反顾地参与和领导解放全人类的革命斗争。他用真理之光照亮无产阶级的前路,指引他们争取自己的权利,为砸碎一个旧世界、创造一个新世界而联合起来。

今天,人类的生活极大得益于马克思的思想号召和行动指引。工人们的抗争行动此起彼伏,资产阶级为了维护自身统治地位,不得不作出相应的妥协:允许成立工会,增加工人福利,改善工人阶级的基本处境,甚至有限度地开放政治参与,让工人阶级有机会通过政治表达来维护自身利益。

八小时工作制就是一个典型的例子。马克思的剩余价值理论揭示了资本的秘密,具体到工作日制度上,他把工人一天的劳动分为必要劳动和剩余劳动两个部分:必要劳动是指劳动者为维持自己及其家庭生活所需要付出的劳动,剩余劳动是指超出上述范围的劳动。剩余劳动时间越长，资本家榨取的剩余价值就越高，工人由此就会被驱使着没日没夜地劳动。马克思旗帜鲜明地提出并且逻辑严密地论证，应该从法律上把工作日时长限制为八小时。这一主张从美国工人运动中开始受到重视并得到落实，在往后的历史中扩展到全球。

自马克思主义诞生一百多年以来，世界在这位思想巨人发现的真理的光芒照耀下，发生了天翻地覆的变化，其中最大的变化发生在中国。中国以马克思主义为指导，建立了社会主义制度，普通劳动者从受欺凌、被剥削的状态，从夏衍笔下"包身工"的悲惨境况中解放出来，转变为国家的主人，可以自由地进行选择，为了自己的梦想、快乐、幸福和对美的追求而奋斗。我们国家也从被压迫、被奴役、被歧视的境遇中实现了逆转，变得独立自主、自立自强，成为今天国际社会中不可忽视的强大力量。

今天的人类生活样貌，有马克思的功勋，但还远远不是他所追求的终极目标。在马克思设想的世界中，极大发展的生产力使得人们不必为生活所困，每个人都可以实现自由而全面的发展，从事着自己热爱的劳动。目前的生活距离这样的设想，还有漫漫长路要走，但只要我们坚定马克思主义科学精神，对于共产主义的理想信念不灭，坚定前行，总会有抵达的一天。

2 我们为什么要追求共同富裕

在上一节我们谈到，"过去的生活"中存在着阶级不平等、财富分配不公正的情况，少数人无偿拿走多数人的劳动成果，因此导致了极端的社会分化。"富者田连阡陌，贫者无立锥之地"，我国的先辈很早就发现了这个问题。

为什么我们中国人要追求共同富裕？一方面，我国是一个以马克思主义为根本指导思想的国家，共同富裕是马克思主义的一个基本目标。另一方面，共同富裕是中华民族孜孜以求的社会理想，在中华优秀传统文化可以找到其源头活水。

中华文明源远流长，是世界上唯一一个从未中断的古文明，我们的祖先创造了辉煌灿烂的文化瑰宝，如造纸术、指南针、印刷术、火药这四大发明。

但是，我们也应该看到，在传统社会里，大部分普通人的生活是很拮据的，而且有相当一部分人深陷贫困深渊，过着艰难痛苦的生活。我们耳熟能详的汉武盛世、大唐开元盛世、宋朝仁宗盛世、清朝康乾盛世，主流是太平、安宁，但在这些封建社会中，仍然有很多老百姓饱受饥饿与寒冷的折磨。所以，作为一个普通人来说，今天的中国无疑是最好的中国。

贫困、饥饿之所以长期存在，与文明共生、相伴，一方面是传统中国是农业社会，气候、天灾对生产的影响很大，导致收成不稳定，粮食经常不够吃。另一方面是"家天下"的政治代代传承，代表着最高权力的皇帝不是通过择贤而任的方式产生，国家的治理水平很大程度上取决于皇帝的智慧和责任感，但世袭制无法确保皇位传给贤德之人。所以，政府很容易受到皇帝个人的影响，如果遇到昏君，可能会不作为或以权谋私，进而使老百姓的财富很容易被剥夺。

但贫困与饥饿长期存在的最根本原因：一是生产力水平有限，二是社会分配不公。

传统农业时代的生产力水平发展速度缓慢，这种情况不是中国独有的，而是世界普遍存在的。我们都知道，夏商周时期是青铜时代，而战国时期是铁器时代，但是在这些时期的农业生产中，劳动者们的生产工具与技术仍旧相对滞后。对中国古代农业有一个形象的比喻——"在土地上绣花"，尽管人们精心耕作，投入了大量的劳动，但是效率仍旧太低，产出比较有限。

历朝历代的社会分配都很难说得上是公平的。一方面,随着时间推移,政府变得越来越臃肿,要养的人很多,要打的仗也不少,所以总是会不断增加赋税,农民负担变得很重,大部分劳动成果都被政府拿走了。另一方面,土地兼并不断,甚至变本加厉,使得很多农民没有自己的土地可以耕种,变成佃户或者雇佣劳动者,受到的剥削加重,收入却更加微薄。

晋惠帝司马衷听说百姓因没有饭吃而被饿死,问了一句:"何不食肉糜?"为什么不喝肉粥呢?一句话说明了上层阶级通过剥削获得充裕的财富,但他们甚至不知道粮食是从哪里来的,不关心劳苦大众的命运。在《诗经》中,诗人就用"硕鼠"来比喻统治者,"硕鼠硕鼠,无食我黍。三岁贯汝,莫我肯顾"。当饥荒等灾难来临,老百姓需要救济的时候,国家拨付的钱粮往往就成了"硕鼠"们贪污腐败的源泉,使多数物资无法真正送到灾民手中。

马克思揭示了人类历史发展前行的真理,那就是社会总是存在着阶级,且阶级之间的激烈斗争推动着历史变革。中国也不例外,正是统治阶级的剥夺和压榨,引起人民群众的反抗,从而导致改朝换代。

恰恰是因为社会总是不公正,贫困与饥饿总是存在着,我们才需要有理想,并为此去奋斗。我们中国人的理想是什么?回看历朝历代,概括起来就是:人人平等,免于饥寒。

比如儒家文明，作为中华文明的主流，它的理想就是从现实中产生的。

孔子做中都宰一年，"四方则之"（周边地方都效仿他的治理办法），终使"道不拾遗，夜不闭户"（东西丢失在路上没有人捡走据为己有，夜里不关门没有人来偷盗）。《礼记》中记录了孔子的政治追求和社会理想：

大道之行也，天下为公，选贤与能，讲信修睦。故人不独亲其亲，不独子其子，使老有所终，壮有所用，幼有所长，矜、寡、孤、独、废疾者皆有所养，男有分，女有归。货恶其弃于地也，不必藏于己；力恶其不出于身也，不必为己。是故谋闭而不兴，盗窃乱贼而不作，故外户而不闭，是谓大同。

仔细解读其中对于"大同"理想的具体描述就会发现，其中闪烁着空想社会主义或原始共产主义理论的影子。

从孔子开始，这种理想逐渐内化为中华文明的一种自在精神。儒家亚圣孟子，提出"民无恒产，必无恒心""民贵君轻，社稷次之"，认为人民应当拥有生产资料，权力应当为人民服务。东晋陶渊明，构想了一个"黄发垂髫，并怡然自乐"的平等自由的桃花源。唐代杜甫，发出了"安得广厦千万间，大庇天下寒士俱欢颜，风雨不动安如山"的呼吁。南宋钟相、杨么起义，提出了"等贵贱，均贫富"的口号。明代小说《水浒传》中，水泊梁山悬挂着"替天行道"的大旗。何谓天道？老子曾言："天之道，损有余以补不足；人之道则不然，损不足以奉有余。"就是说上苍的法则是公平，而人间的法则是不公，"替天行道"就是要矫正这种违背天意的不公。

再到大家熟悉的近代，清朝太平天国运动期间颁布的《天朝田亩制度》，第一次在中国进行了空想社会主义实践的尝试。清末民初，康有为构想了一个没有尊卑贵贱的大同社会。孙中山先生领导辛亥革命推翻清王朝统治，以民族主义、民权主义、民生主义组成的"三民主义"为指导思想。

从孔子到民主革命的先行者孙中山，纵贯 2000 余年，中华文明追求的终极目标，始终是一个没有等级、没有压迫、没有剥削的平等自由的理想世界。

但可以说，在中国共产党诞生以前，这些实现目标的方法要么无效，要么只产生了局部改良的效果，且改良成果无法得到巩固。

直到和马克思主义相遇，我们的先辈才豁然开朗，中国人的传统理想才真正显现出实现的曙光。既然贫困与饥饿的根本原因是生产力水平低下与社会分配不公，而当时的地主阶级阻碍了生产力的发展，社会分配不公义是阶级统治的结果，那么就需要推翻阶级统治，解放和发展生产力，实现公正的分配。

这一主张对于近代中国而言,石破天惊,醍醐灌顶。历史唯物主义告诉我们,要解放和发展生产力,就要改变生产关系。过去其他的办法之所以收效甚微,就是因为它们都试图在不改变生产关系的基础上推动生产力发展,没有抓住问题的根本。

那要如何改变生产关系呢?答案就是彻底的社会革命。这是以往所有改良者和革命者不敢想,也做不到的。但是,中国共产党不一样,实施了彻底的社会革命,推翻阶级社会"人吃人"的现状,建立一个人人平等的中国,并在强大的生产力基础上实现共同富裕,这是他们的社会主义理想。

马克思主义不仅与中国传统的理想世界和文化背景相契合,而且提出了彻底重构生产关系的革命方向,使共产党人明确了以无产者的联合来进行阶级斗争以实现革命目标的路径。孙中山先生所描述的"一盘散沙"的中国,在共产党人的组织领导之下,凝聚了起来。作为人民主体的农民群体,从"一袋马铃薯"的状态,转变成了与工人阶级结为一体的革命力量。

"人民,只有人民才是历史的真正创造者。"这是共产党人对历史发展最核心的领悟。人民是共产党人的坚实后盾,因此共产党人必须回应人民的诉求。在中国共产党的领导下,中国人民实现了从站起来、富起来到强起来的伟大飞跃,核心就在于政权理想与人民利益诉求一致。

在中国传统理想、共产主义信念的共同指引下，我国一步步走到了今天，不断革故鼎新，解放和发展生产力，改善人民生活，以期实现最终目标——共同富裕。

这是马克思主义和中华优秀传统文化共同赋予中国人民的内在气质，为了这一高远而伟大的目标，我们将一代接着一代不懈地奋斗。

3 从世界范围看，公正实现了吗

马克思主义的伟大发现，为全世界工人阶级提供了一个强大的思想武器，同时，也指明了清晰而坚定的革命方向，提供了真正有效的斗争手段。在马克思主义指引之下，全世界工人阶级和底层群众的经济、政治、社会处境都有了客观、明显的改善。

可以说，从世界范围看，公正在一定程度上是实现了的，主要表现为两个方面，且这两个方面都不是一蹴而就的，而是经过不断斗争或者不断改革的渐进过程。

一方面，在西方资本主义国家，工人阶级的斗争迫使资产阶级限制劳动时长，提高工资待遇，同意建立工会以代表和维护工人阶级利益，形式上的选票民主也逐步向工人阶级开放，使他们有了一定程度的选择自由，也有了更多学习和文娱的空间。欧洲政治也受到了马克思主义的影响，费边社会主义、社会民主主义等思潮的兴起，推动了社会保障制度的建立和完善，甚至出现了以北欧国家为代表的资本主义福利国家,工人阶级能够更大程度地分享发展成果,而不像以前那样纯粹被当作工具。

　　另一方面,在马克思主义指导下,20 世纪诞生了一批社会主义国家,这些国家的目标就是实现人民当家作主,实现公正的分配,让人民过上有尊严的生活。不过,对什么样的社会才是社会主义,应该怎样建设社会主义,马克思和恩格斯都没有详细的论述,必须依靠后人依据马克思主义基本原理去探索和实践。在这个过程中,有的国家取得了很多伟大的成就,但也有相当一部分社会主义国家的探索和实践后来归于失败。这并不意味着马克思主义真理受到了实践的挑战,而恰恰反映出这些国家的实践是否与马克思主义基本原理紧密结合、是否脱离了人民群众,新建立的生产关系是否能够推动生产力发展,社会分配制度是否科学合理,以及具体的国家战略方针、政策是否正确、有效。

　　在世界范围内,社会主义的成功引人瞩目,最突出的代表就是中国。中国善于吸取其他社会主义国家实践中的经验,也善于总结其中的教训。比如,坚持独立自主,所有的发展战略和举措都必须考虑中国实际;再比如,始终坚持人民至上,人民是发展的目的,人民利益是否得到维护、人民福祉是否得到提升、人民群众对发展是否感到满意,是衡量中国共产党工作成败的最终尺度。自新中国成立以来,中国共产党的初心和使命一以贯之,尽管在曲折中前进,但每一步都取得伟大成就,基础越来越扎实,道路越来越清晰,马克思主义的中国化、时代化也越来越深入。人民生活水平的改善是有目共睹的,全面脱贫的成效被视为全球奇迹,社会公正程度也在实践中不断提高。中国正一步一步地迈向人民幸福、民族复兴的伟大目标。

但我们也要看到,马克思主义追求的终极目标之一,即公平正义,基于当下的现实,还远不能说已经完全实现。

许多西方国家,虽然整体物质生活水平不断改善,但分配不公、社会极化等问题也不断加剧。在现代科技作用下,生产力几乎呈爆炸性发展,如今只要几年时间,科技就会迭代升级,生产效率也会上一个台阶,使得社会创造财富的能力呈正比例增长。但是,因为科技和市场掌握在少数人手中,单个资本的增殖能力达到了令人咋舌的程度,亿万富豪可以在一朝一夕之间产生,也可以在一朝一夕之间实现财富翻倍。而普通人的财富增长与科技发展、生产力进步的关系远没有这么紧密,甚至存在脱节,导致经济状况倒退。例如,美国被称为"最不平等的发达国家",自20世纪90年代以来,其财富不断向富豪集中,中产阶级占比不断缩小,美国人引以为豪的"橄榄型"社会正在缓慢解体,纽约、洛杉矶、旧金山等大城市街头依然可见无家可归的底层流浪者。简单来说,就是富者愈富,贫者愈贫。

此外，国际社会的不平等状况并没有明显的改善。过去西方资本主义国家的殖民主义血腥路径虽然已经被民族解放运动终结，但它并没有彻底消失，而是披上新的外衣，转变为一种和平的掠夺方式。在产业分工上，发达国家控制着产业链上的高利润环节，并且以强大的武力和软实力为后盾，制定维护自身利益的规则。国际规则是由发达国家主导制定的，事实上巩固了历史上的殖民利益格局，是对发达国家在新的历史阶段新的利益的反映。

西方新马克思主义学者沃勒斯坦沿着马克思指明的方向，提出了世界体系理论，"中心—半边缘—边缘"的层级结构展现了世界经济的极端不平等性。发达国家通过控制科技、金融等领域，迫使半边缘和边缘地带国家的产业布局和生产都为自身服务以获得超额利润。用我们熟悉的话来说，就是强者吃肉，弱者喝汤，最弱的一部分国家只能捡拾残渣。

更形象一些来讲，我们可以想象一个瘦弱的人身上爬满了肥硕的水蛭。的确，这是一种吸血的机制，通过划定发展中国家的活动范围来确保发达国家的丰厚回报和领先地

位。从人最原始的动物性角度来理解，如果一个人处于这个层级结构的中心，那他一定会排挤其他人参与瓜分他的蛋糕。因此，主导者天然希望这个结构是稳定的，如果有别的国家试图挤进中心，就会被打压。为什么中国企业只要稍微展现出领先的能力，就会被某些西方国家列入贸易制裁名单？从上面说的道理去理解，我们就会一目了然。

正因为公正还没有真正实现，所以我们必须要一代接一代地去努力。比如，重视教育和科技，为提升生产力而奋斗；比如，举全国之力脱贫攻坚，让每一个个体都能享受到国家发展的红利；再比如，埋头苦干，付出数倍的汗水，不断实现科技和产业的突破，让国家一步步摆脱受制于人的地位。最终，使每一个中国人活得更有尊严。

马克思主义和中华优秀传统文化相结合，使得我们在理想主义层面有别于西方发达国家，能够拥有更加高远的理想和目标。当代中国的发展目的之一就是解决社会的不公正问题，为社会成员营造一个"人人共享"的制度环境。

4 马克思主义如何影响世界

2007 年，当发源于美国的金融危机席卷全球的时候，西方发达国家的许多银行家和经理们开始重新阅读马克思的《资本论》，就连许多西方普通民众也开始青睐起了《资本论》，试图从中弄懂自己多年来所作所为的真实意义。马克思再度成了时髦人物，《资本论》在西方的销量直线上升。英国媒体甚至开玩笑称，如果马克思还在世的话，《资本论》的巨额版税收入会让他轻松进入福布斯富豪榜。

1999 年，英国广播公司（BBC）通过国际互联网对过去 1000 年间诞生的伟人进行票选排名，马克思毫无意外地排名第一："千年伟人"马克思由此诞生。

当时能接触到互联网的主要人群来自发达国家，也就是资本主义国家，因此，这一结果意味着虽然马克思的思想把资本主义"打得鬼哭狼嚎"，但人们还是不得不承认他的伟大无与伦比。正如本书指出的,哪怕是西方发达国家的工人阶级和普通民众,他们今天相对人道主义的处境,也很大程度上得益于马克思的推动。

马克思的思想体系深刻地影响了后世直到今天的知识生产,因为它本质上是现代的、科学的。比如,马克思自己都不知道,他会成为公认的社会学三大奠基人之一,因为历史唯物主义正是社会学研究过去、认知当下和分析未来的科学方法。

马克思已经去世了140多年,但每当世界经济、社会出现问题时,他的学说依然如一把锋利的解剖刀,为大众展示了血淋淋的真相。

比如,2007年开始的由美国"次贷危机"引发席卷全球的金融危机,就是资本无底线逐利并且把风险转嫁给社会的典型恶果。当社会民众一片哀号的时候,马克思穿透百年的锐利目光又被全世界看见了。人们发现,资本主义的基本矛盾——生产社会化与资本主义生产资料私有制之间的矛盾,从来没有被解决,而是被掩盖了,当矛盾积累到一定程度,就会引发爆炸。

马克思主义从来不会过时,当有人说它过时的时候,其实是自己过时了。冷战结束后,资本主义曾经那样的沾沾自喜、目空一切。美国学者福山甚至提出了"历史终结论"。他认为,冷战的结束标志着共产主义的终结,人类政治历史发展已经到达终点,历史的发展只有一条路,即西方的市场经济和民主政治。

然而,多年的政治实践表明,西方国家特别是美国在全世界多个地区和国家推销民主遭遇水土不服,均以失败告终。不仅如此,席卷西方社会的金融危机、民粹主义潮流和选举乱象使得包括福山本人在内的西方政界学界开始广泛反思西式民主的种种弊端。

与此形成鲜明对比的是,中国在马克思主义的指导下崛起,并且继续丰富和发展马克思主义,形成了具有自身特色的社会主义民主政治制度,为当今世界发展中国家进行国家治理、社会建设提供了重要参照,也为陷入重重困境的西方社会提供了启示与参考。焕发出强大生机活力的中国特色民主政治充分证明,历史并未"终结"。

其实,历史的走向,路漫漫其修远,变化万千,任何人下这样武断的结论,都不可能是科学的。这恰恰是唯物史观和唯物辩证法区别于过去的认识论和方法论的地方,马克思强调以发展的眼光看问题,才能不被眼前的表象所迷惑。

美国政治学家塞缪尔·亨廷顿认为,中国是一个完整的、拥有高度传承文化的国家,所以哪怕曾经经历过一段黑暗的岁月,也不能阻挡中国的崛起。

这正是我们在讨论"马克思主义如何影响世界"这一问题时,

最重要的一个方面,那就是马克思主义指引中国独立、自主、自强,迈向人民幸福、民族复兴。

1840年鸦片战争以后,中国逐步成为半殖民地半封建社会,国家蒙辱、人民蒙难、文明蒙尘,中华民族遭受了前所未有的劫难。为了拯救民族危亡,中国人民奋起反抗,仁人志士奔走呐喊,太平天国运动、戊戌变法、义和团运动、辛亥革命接连而起,各种救国方案轮番出台,但都以失败而告终。

让中国人真正看到胜利曙光、掌握斗争法宝的,就是马克思主义。毛泽东同志写道:"一九一七年的俄国革命唤醒了中国人,中国人学得了一样新的东西,这就是马克思列宁主义。中国产生了共产党,这是开天辟地的大事变。""自从中国人学会了马克思列宁主义以后,中国人在精神上就由被动转入主动。从这时起,近代世界历史上那种看不起中国人,看不起中国文化的时代应当完结了。"

中国化时代化的马克思主义指引着中国人民,努力建立国家工业基础,实现国防现代化,实践人民民主,实行改革开放,向着中国式现代化一步一步坚实前行。这才有了今天昂首挺胸、阔步行走在新时代中国特色社会主义道路上的中国。

这个坚定不移追求公平正义、共同富裕的庞大文明体,现在正以自己的硬实力影响世界,以自己的软实力感染世界,践行和推动着人民至上、"以和为贵"、"己所不欲，勿施于人"等政治文化理念，为建设人类命运共同体而不懈奋斗。这是中国对世界的重要贡献，也是马克思主义对世界的重要贡献。

5 怎样成为一个马克思主义者

一个人会在什么情况下成为马克思主义者呢?

单就中国而论,会发现一个共同点,那就是历史上的人们往往是在执着追求真理但陷入困惑时成为马克思主义者的。

中国第一批马克思主义者出现在俄国十月革命胜利之后,彼时新文化运动正如火如荼地展开,中国的知识精英们正集体深陷精神困顿,他们不断地争论着、思考着中国应该走怎样的道路才能摆脱被支配、被奴役、被宰割的地位。

李大钊是中国最早的马克思主义者。早年留学日本的时候,他就对马克思主义政治经济学非常着迷,受到过日本早期马克思主义者河上肇、幸德秋水的影响,读过日本版《资本论》《共产党宣言》等著作。李大钊也是新文化运动的干将,他积极宣传十月革命,并在此过程中加深了对马克思主义的认识和理解。贫穷落后的俄国也能革命成功,他被十月革命背后的伟大力量——马克思主义深深震撼了,也渐渐意识到中国人一直苦苦寻求的救国真理就摆在眼前,并从此树立了马克思主义信仰。

有了坚定信念,李大钊就开始以马克思主义为行动指南,去了解底层人民,组织政治社团,参与创建中国共产党,从事"一个阶级推翻另一个阶级的暴烈的行动"。直至1927年,他为自己的信念献出了生命,至今令人难忘。

从李大钊的经历中,我们可以发现一条有规律的线索,那就是:真学、真懂、真信、真行。

李大钊在日本接触到马克思主义思想,认真学习了最重要的原著,这是真学;十月革命的成功激起了中国人的一腔热血,实证

了马克思主义的真理性,促使李大钊从思考中国问题入手深入了解马克思主义,这是真懂;认准了真理,懂得了真理,就树立风雨不动的信念,这是真信;马克思主义最强大的生命力在于其实践性,有了信念就要去行动,李大钊从一名学者转变为一个革命者,这是真行。

此后,沿着同样一条发展线索,一大批坚定的马克思主义者出现了:毛泽东、周恩来、邓小平、董必武、林伯渠、吴玉章……他们都执着于寻求救国之路,又在当时各种思潮的包围下困惑于哪一个才是救国良方,最后被马克思主义所折服,去学习、去内化,树立信念,付诸行动,终生不渝。

林伯渠和吴玉章本来是孙中山领导的同盟会会员,因痛苦于辛亥革命之后国家未能真正实现民主、独立,苦苦寻求新的革命道路,直到他们被马克思主义的真理旋律所吸引,才在思想上豁然开朗,毅然加入中国共产党。

每个时代的人都有其特殊的执着与困惑,今天也一样。比如,对追求公共价值的执着,对怎样让社会变得更好的困惑。公共价值可大可小,国家怎样发展是公共价值问题,校园里的学习氛围怎样提升也是公共价值问题;社会也可大可小,整个中国是一个大社会,一个小区是一个小社会。如果我们也有这样的执着和困惑,那么,马克思主义将为我们指明方向,这个时候,我们就必须思考这样一个重要的问题：怎样才能成为一个马克思主义者？

首先就是真学。

在我们从小学到中学的过程中，马克思主义的思想其实已经进入了课堂。我们会去背诵相关的原理，也会结合历史和现实，去理解一些内部逻辑。然而，仅仅如此恐怕还称不上是真学。教科书的编写逻辑是框架化、简明化，所以无法涵盖所有精彩的思辨和论证过程，我们也很难全面地了解到真实的马克思是一个什么样的人。简单来说，教科书一般很难让我们对马克思和他的学问产生感情。而产生感情，往往是我们真正爱上一门学问的基础条件。

那么，如何才能对马克思和他的学问产生感情呢？一个很好的办法就是从阅读马克思的传记开始。优质的传记会告诉我们马克思的成长经历、内心世界、丰富的情感，以及每一个阶段他的处境：他是怎么树立理想的？他的性格有多么阳光和张扬？他是如何在学习了多门学问后最终选定政治经济学作为其研究范畴的？他是如何站在黑格尔、费尔巴哈以及其他无数厉害的思想家基础上，批判性接收、创造性思索，最终构建起科学社会主义的思想体系的？优质的传记也会向我们介绍每一个阶段他的思想内容是什么，以及这些思想内容和当时的历史背景有什么关系。

在这个过程中，我们首先会感受到他是一个正直、富有同情心、纯粹而高尚的人，即便单从品德上看，也足以让我们仰望。这样，我们就会感觉到人生有了榜样，也就会更希望进一步了解他了。

随着了解增多，我们还会发现，他不但是一个天才，还是一个十分可爱的人，除了认识问题总是直指核心、见人所不能见之外，还很幽默，有时会很冲动，说干就干，雷厉风行，什么困难也拦不住他。这时我们可能会很好奇，想知道他在与不公正的思想和现实斗争的时候，究竟说了些什么？是怎么构建起雄辩的逻辑的？那么就可以找一些他的代表性著作来阅读了。马克思典型的德国哲学家的思维方式大概率会让我们感觉到阅读有点困难，但是没关系，《共产党宣言》《德意志意识形态》《资本论》等著作中，那种一泻千里的文章气势，旁征博引、辩证说理的强悍逻辑，直达本质、深刻到令人战栗的犀利观点，会让我们深深折服，如沐春风。

沿着这样自我启发、主动开拓、不断深入的路径走下去，我们就会发现自己认识问题的能力提升了，批判的意识产生了，并且爱上了马克思，也爱上了他的思想。这样，我们就走上了真学的道路。

其次就是真懂。

真懂其实是和真学同步发生的，只要真学，就会慢慢真懂。

真懂会让我们不再人云亦云，不再仅仅是背诵、重复一些别人整理出来的句子和原则，而是知道它们都是有着更加丰富、具体的语境的。因此，要真懂马克思，我们还要认真学习历史，因为他的论述总是假设读者已经像他一样了解历史，只是很多人还看不透真相。他的著作有着恢宏壮阔的历史观，如果我们不能结合历史，也就无法理解当时、当下的情形，以及马克思为什么这样分析问题。所以，阅读他的著作会使我们产生额外补习历史的需要，事实上，掌握历史是真正弄懂任何一门学问的前提，也是我们树立唯物史观必不可少的支撑。

为了真懂，还要解决我们为什么要学习马克思主义的问题。坦白地讲，学习马克思主义可能无法让我们将来变成一个富翁，他的政治经济学不是教人怎么去赚钱的，毕竟他自己一生都很清贫。虽然今天也有一些人可以通过学习马克思主义谋得一份工作，可以养活自己或者过得很好，但是我们必须清楚这不是目的。马克思主义教给我们的，是做一个内心自由而光明的人，去追寻更加高远的人生价值——思考当下还有哪些不公平，怎么去改善我们的社会，怎么样才能让所有人都在相互关怀的基础上生活得更好。这就是正确的人生观和价值观，缺乏二者的支撑，很难说真懂了马克思主义。

实现了真懂，我们就会发现虽然世界纷乱复杂，但是我们可以以唯物史观为基础、以唯物辩证法为武器,看透内部逻辑,让所有现象变得清晰明了,了解问题的根源,并顺藤摸瓜找到解决方向。

再次就是真信。

马克思主义是一种信仰,在日常当中就是一种信念。其实,自人类有史以来,就一直存在着真理和谬误的对立。所有的谬误都有一定的顽固性。与顽固的谬误对抗,要求掌握真理的人必须是一个坚强的人,打不倒、摧不垮。而要拥有这种本领,除了真懂之外,还必须有强大的信念支撑。

以 1927 年的历史为例,共产党人被反动势力杀戮、追捕、严刑拷打,不坚定的人放弃了立场,而那些真正的马克思主义者从未被吓倒,他们对真理的信念至死不渝。贺龙、罗荣桓、叶剑英、徐向前、徐特立都是在这最危险的时候,在这"共产党"三个字意味着杀头的年份,毅然加入中国共产党的。这就是信仰真理的力量,如果没有这种澎湃不息的力量,共产党人就无法对抗反动势力,真理就难以战胜谬误,也不会有中国式现代化,更不会有我们今天的生活。

两万五千里长征,中央红军出发时 8 万多人,抵达时只剩下 7000 多人,除了一部分掉队的、离开的,有几万人牺牲在路上。那支衣衫褴褛的队伍,一直被强敌围追堵截,忍饥受寒,在枪林弹雨中闯过一道道封锁线，越过一道道无法想象的天险，但他们都坚持了下来，就是因为心中有信念，坚信马克思主义将指引中国走向光明。

中国人民志愿军在零下几十摄氏度的环境下，衣衫单薄，有的战士甚至连鞋都没有，宁可冻死也要坚守阵地。战斗英雄杨根思抱起炸药包冲向敌人，邱少云在烈火中永生，黄继光扑向了机枪眼……为什么他们可以舍生忘死，忍受非人的痛苦？因为他们坚守着信念——爱真理，爱国家，爱人民。

信念指引着马克思主义者们勇往直前，克服困难，打败强敌，推动着中国走向现代化，民族走向伟大复兴，让人民能够享受和平、安居乐业。

今天选择成为一个马克思主义者，很少需要我们通过牺牲生命来维护坚定的信仰。但是，真诚的信仰依然是作为一个马克思主义者的必备条件。

最后就是真行。

上面已经列举了很多真行的光辉例证了。尽管马克思主义的哲学、逻辑本身已经是那么光华灼灼，但它真正的魅力在于它的实践性。在英国伦敦的海格特公墓，马克思的墓志铭永远激励着一代又一代有信念的人们："哲学家们只是用不同的方式解释世界，而问题在于改变世界。"

改变世界是马克思发现真理的目的，也是马克思主义者追随真理的目的。毛泽东同志曾指出，共产党人必须随时准备坚持真理，因为任何真理都是符合于人民利益的；共产党人必须随时准备修正错误，因为任何错误都是不符合于人民利益的。中国传统文化提倡"知行合一"，其道理也是一致的。这表明，我们中国人在文化躯体当中就流淌着学以致用、努力实践、勇担责任的血液。

如今我们所处的时代，社会发展、文化繁荣、价值多元，总体上是美好的，但也存在着阴霾和丑恶。我们要想维护美好，并让社会更美好，就要去发声、去行动，不向谬误和不公妥协。正如鲁迅先生所言，"能做事的做事，能发声的发声。有一分热，发一分光"。

行动起来！未来的马克思主义者们，你们的时代开始了。

下篇

做马克思式·少年

ZUO MAKESI SHI SHAONIAN

人生就是一个自我完善的过程。在成长过程中,随着知识积累、思想形成和信念深化,我们遇到的困惑会一个个迎刃而解,行动的方向也会越来越清晰。正如马克思受迫害离开德国到巴黎之后,他深刻地意识到原有知识框架的严重不足,以及只有政治经济学才是认识和批判资本主义最有力的武器,于是他开始刻苦研究政治经济学,最后写出了辉煌巨著《资本论》。中国传统哲学也十分关注人的成长,如孔子把自己的成长过程概括为"十有五而志于学,三十而立,四十而不惑,五十而知天命,六十而耳顺,七十而从心所欲,不逾矩"。没有成长的人生就只是一个变老的过程,只有不断成长,我们才会不被表象、虚伪的观念等糖衣炮弹所迷惑和束缚,我们的行动才会始终向着心中光明之处。最终,实现目光长远、知行合一,始终为趋近真理和理想而感到喜悦。

第四章

成长的钥匙：掌握马克思的思想装备

优秀毕业生

马克思身上的优点可太多了

如批判性思维

如斗争精神

如透过现象看本质

1 真理像光一样

　　"真理像光一样，它很难谦逊"。这是青年马克思在《评普鲁士最近的书报检查令》中写下的光辉熠熠的名句。这篇文章在马克思著作中的分量并不是很重，但就其开启马克思思想的批判性历程而言，意义十分深远。马克思的一生是革命、战斗的一生，他历尽艰难，决不屈服，因为其对真理的信念不可撼动。可以说，我们能够获得马克思主义真理的指引，首先是因为马克思毕生向往真理，从不在谬误与压迫面前低下高贵的头颅。

　　接下来，让我们一起回顾青年马克思的战斗历程，感受他对真理的信念。

　　1835年的普鲁士王国，大卫·弗里德里希·施特劳斯出版了一本叫作《耶稣传》的书，书中采用批判性的方法，试图证明福音书中的一些内容纯属杜撰，另一些则仅仅是早期基督教社区中人们信奉的半神话风格的信仰。这一带有练习性质的对宗教教义起源的批判性考察，在正统教会和青年黑格尔派圈子内引发了一场思想风暴。

普鲁士王国的当权者最初对大学知识分子之间的哲学派别之争没有什么兴趣。随着这场论争的不断升级，双方似乎都开始接受黑格尔哲学"会颠覆宗教，因而多半会颠覆政治正统"的观点。这时，先前被认为无害的哲学批判，立马被当局判定为异端邪说。

在新闻出版方面，代表激进思想方向的青年黑格尔派成为审查制度的眼中钉。在审查的打压下，德国的激进知识分子陷入了一蹶不振的状态。争论爆发后不久，青年马克思进入柏林大学学习法学。

1840 年，被人们寄予厚望的新国王弗里德里希-威廉四世继承了普鲁士王位。继位前，这位王子以醉心于浪漫主义运动而为人所知。他谈到过爱国主义、民主原则和君主政体的自然联盟，批评官僚作风，也许诺过同意通过新宪章。

彼时，工业资本主义的生产方式正在席卷欧洲，即便是以落后顺从面貌示人的普鲁士，也开始发展出以工业家和银行家为代表的新兴社会阶层。新兴资产阶级对旧制度下的官僚和地主阶级表现出明确的不满，这一点似乎和威廉四世一拍即合。当时的人们，尤其是青年黑格尔派的知识分子，因而误以为这位国王上台后会一扫弗里德里希-威廉三世时期的独裁主义风格，开启政治开明的自由主义风气。

但事实证明，威廉四世只带来了对激进思想变本加厉的镇压，他的统治理想是家长式政体。在针对新闻出版的检查法令中，这位国王一边宣称反对写作活动受到无理的限制，一边又肯定经"陛下旨意"许可的限制。然而，新兴资产阶级想要的并不是专制的延续，或者开明的书报检查，他们要的是取消审查制度。冲突因而不可避免。

1841年底，威廉四世为了"根除黑格尔哲学的龙种"，召回了黑格尔最有名的死对头——谢林。作为一名虔诚且极端反动的老资历浪漫主义派，谢林自《论人类自由的本质及其相关对象》问世后，再无公开发表的论著，却因其哲学对现有秩序表示出充分的肯定，被普鲁士官方寄予"圣灵降临"的期待。

在这样的政治瞩目与思想背景下，谢林的演讲于11月15日开始，马克思、恩格斯、克尔凯郭尔和巴枯宁等哲学爱好者都听了这场攻击黑格尔哲学的演讲。但旁听演讲后不久，青年马克思就得出了谢林哲学对黑格尔哲学体系的一切攻击，都无损于其一根汗毛的结论。这一年，马克思23岁。

这一时期，马克思还忙着和布鲁诺·鲍威尔合作，投入更为直接、更具争议性的活动中，两人计划创办评论刊物《无神论文库》。作为大学神学讲师的鲍威尔,彼时致力于创作《复类福音作者批判》,以彻底的无神论向基督教教义发起猛攻。这一时期,马克思梦想成为一名大学里的哲学讲师,同鲍威尔一道掀起一场轰轰烈烈的无神论运动。

1841 年 11 月,鲍威尔匿名出版了一本审判无神论者和反基督教者黑格尔的书,他佯装虔诚的路德派信徒,通过抨击黑格尔,表达一种激进的无神论革命主张。虽然是匿名发表,但当局很快就知道了作者是鲍威尔,而这一事件最终导致普鲁士教育部部长决定反对青年黑格尔派。鲍威尔因此被剥夺教职、解除学术职位。

在鲍威尔事件中,马克思受到了极大的牵连,他在德国的学术生涯被彻底封死,不得不考虑谋求另一份职业。换句话说,马克思向往的学术殿堂之路,就这样被当时的反动政府"封杀"了。

好在马克思的支持者中,有一位名叫莫泽斯·赫斯的狂热分子。作为共产主义最热切的宣传者,赫斯说服了身边的许多朋友转向共产主义,其中就包括恩格斯。此时,马克思和恩格斯还没见过面。

赫斯成功说服莱茵兰的工业家资助一份激进报纸的出版。这份报纸主要发表同政府的反动政策针锋相对的政治和经济文章,在思想底色上,认同新兴资产阶级的诉求,这便是著名的《莱茵报》。

马克思获邀为这份报纸定期撰写文章，1842 年 10 月，他当上了《莱茵报》的主编。此后，这份报纸就逐渐从相对温和的自由主义刊物转变成狂热的激进政治刊物，强烈地反对普鲁士的审查制度、联邦议会，以及全体地主阶级。在这个较为自由的时期，马克思精力十足，用尽心思同审查者们玩着"猫鼠游戏"。

1842 年，就在这种"游戏"中过去了。其间，马克思多次撰文批评沙皇俄国政府是欧洲愚民政策、野蛮状态和压迫制度的最大代表。当时，沙皇俄国同普鲁士王国关系良好，且在国家制度等领域有相同主张。所以当沙皇尼古拉一世偶然看到一篇批评沙俄的文章时，便对普鲁士的外交大使大发雷霆。俄国大臣也向普鲁士国王发去了一封措辞严厉的公函，斥责普鲁士审查官办事不力。

1843 年 1 月，在没有事先警告的情况下，当局突然告知将于 4 月 1 日起查封《莱茵报》。马克思深感在审查机构和警方的监视下，再无可能于德国境内继续出版自己的刊物。于是，他在 3 月退出编辑部，并决定把刊物和生活搬到巴黎。

这时，一位叫阿尔诺德·卢格的朋友邀请马克思帮助他编辑一本新杂志，即大名鼎鼎的《德法年鉴》。1843 年 10 月，马克思离开了普鲁士，以流亡的自由新闻工作者的身份迁居巴黎，开启了他最后的思想转变期。

去巴黎之前，马克思的哲学思想还偏向于青年黑格尔派；而等到巴黎时期，马克思主义哲学体系得以正式建立。

熟悉了青年马克思的思想历程，我们再回到《评普鲁士最近的书报检查令》中。这篇写于 1842 年 2 月的檄文，是马克思的第一篇政论性文章，他的政治活动就从这里开始。正是在这篇文章中，他贡献出了那句卓越的语录："真理像光一样，它很难谦逊；而且要它对谁谦逊呢？对它本身吗？"

"真理像光一样"，最初是针对"书报检查不得阻挠人们对真理作严肃和谦逊的探讨"这一法律提出的。马克思批判道，规定探讨必须严肃和谦逊，是对真理的完全歪曲，并且抽象地理解了真理。

如果一个人面对自己讨厌的对象，却被强制要求体现谦逊；面对自己心爱的对象，却被强制要求体现严肃。二者的本质都是强迫人们隐藏起自己真实的精神面貌，进而强迫自己走向虚伪。对

青年马克思来说，真理的要义是"风格如其人"，也就是具体的
真实。

　　"风格如其人"这一要义有着穿透历史的力量，在今天依然是
一种应该被鼓励、却还没得到足够鼓励的具体的真实。它鼓励我
们坚定拥抱自己的表达风格，尊重自己作为人的主体性，勇敢地
质疑所有试图界定个人思想边界的条条框框。真理的显现，就藏
在其中。

2 批判的武器

如果要票选马克思的经典语录,"批判的武器当然不能代替武器的批判"肯定会上榜。

这句箴言最早出现在马克思于 1843 年写的《〈黑格尔法哲学批判〉导言》中,"武器的批判"在整个马克思主义哲学体系中,指向的是对无产阶级革命的呼唤。无产阶级革命成功的前提,是经过严密组织和扎实训练的工人阶级武装上了马克思主义这一思想弹药。

对马克思来说,让工人阶级为革命运动做好准备是一项科学任务,也是一项常规工作,需要尽可能牢靠并有效完成,绝不能肆意放纵。马克思非常蔑视各种各样的煽动家,如威廉·魏特林,就积极提倡穷人对富人发起阶级斗争的方式应是公开的恐怖主义。

在马克思眼中,煽动家及其追随者是这么一批人:他们往往是社会发展进程中的受害者，精神长期处在容易被各种不公激怒的状态，满腹牢骚、横冲直撞，但只要有一点甜头，他们便会马上"变脸"，这批人的本质是"亡命之徒和罪犯"。

1846 年，在布鲁塞尔召开的一场会议上，魏特林支支吾吾地暗示马克思在书斋中开展的批评远离苦难的现实世界，没有任何用处。会议记录显示，马克思当时捶了一下桌子，大声批驳道："无知从来也不能帮助任何人！"

掌握了这样的背景，我们就能理解为什么马克思会反复强调"批判的武器"，即科学理论的重要性。这是一种坚定的科学立场，区别于"用情感误导群众"。理解了为什么，我们便可以试着回答一下什么是批判，或者说如何批判？

批判作为一种思维方式，在康德那里，意味着关注理论适用的条件和概念的局限，强调仅把概念作为认知世界的参照，例如对于生活在赤道附近的人们来说，"冬季"就是一个无效概念，因为赤道地区没有冬天。康德强调概念的适用范围，意在鼓励人们挑战各种各样禁锢思考的教条，鼓励人们善用理性思维。

不同于康德，马克思所说的批判，关注的是资本主义发展与生产交换过程。他一方面把"实践"概念确立为批判的根基，另一方面将批判用于指导无产阶级变革社会的实践活动，以期从理论和实践的双重维度上，根除资本主义对人的剥削和压迫。

因此,马克思的批判理论将人与世界的关系,从长期以来脱离历史的抽象思辨,重新拉回到了现实的历史发展进程中。

作为一种思考方法,批判的目标是认清理念与现实之间的矛盾,而实现这个目标的唯一办法就是内在批判,也就是对照理论与现实,从中发现承诺与兑现之间的自相矛盾。由此,思考着的人就能够重新理解思考对象背后掩藏的种种矛盾与可能性,进而对观察到的事物展开讨论。马克思对黑格尔和青年黑格尔派的批判,正是从上述思考路径展开的。

掌握了这一点,接着让我们进入下一个问题:"批判的武器"在马克思的思想体系中,具体指什么?

首先,需要明确一个最根本的前提,那就是客观规律。马克思坚信人类历史的发展有客观规律可循,且这些规律不会因人主观理念的干预而发生改变。

这一前提是马克思与同时代其他著名思想家在哲学思想上的显著差异。尽管派别不同,但当时欧洲大多数支持自由公正理想的知识分子,都相信政治行动的精神动力是一套基于道德目标的价值观念,即"普世价值"。

马克思对这一套说法不屑一顾。在他看来,"普世价值"是人们为了给自己的目标正名,而将其描述成客观真理的样子,但通常都是误导大众对苦难现实抱有幻想的谬误。这一谬误会让人们错误地理解、解释自己所处的世界,继而展开错误的行动。

此外,马克思认为,对宗教的批判是其他一切批判的前提。这也是他在柏林大学期间,梦想成为大学讲师的原因之一:以便作为无神论者投身宗教批判。他始终相信,价值分歧起源于人们看待事实的方式不同,但根除苦难和不公需要的是重塑人类历史,实现全人类的解放,而不仅仅是改变人们看待苦难的方式。

那么如何重塑历史,实现全人类的解放呢? 答案是"彻底的革命"。

在《〈黑格尔法哲学批判〉导言》和《路易·波拿巴的雾月十八日》中,马克思考察了所有参与革命运动和政治斗争的派系。他得出的结论是:每一个阶级都有着政治理想主义色彩,并且自认为代表着普遍的社会需求,但各个阶级的基础底色都是"被压抑的利己主义",唯有无产阶级除外。

这是为什么呢?

因为无产阶级是一个被锁链彻底束缚着的阶级,是"人工制造的贫民",是世界制度实际解体的体现。人的价值和现存社会

秩序之间的矛盾,在无产阶级的生活中体现得最为激烈。但是,没有经过革命理论洗礼的无产阶级,往往是懦弱而缺乏主见的。

19世纪40年代的英国,工业资本主义腾飞,但阶级矛盾越来越尖锐。人们对社会制度的普遍不满引发了工厂运动,其影响扩散到议会,直接推动了"十小时工作制"法案通过,使工人避免了一些苦难。

然而,马克思对这种工团主义影响立法议程的斗争思路极为不屑,他拒绝任何形式的折中主义和妥协。在他眼中,立法等方面的让步是行将灭亡的制度吞食着止痛药,却对自身真实处境视而不见。这种状况下的人道主义也不过是一种柔化了的、顾及面子的妥协,本质是希望避免公开战斗。

因此,必须有一个和无产阶级命运相关的精神武器,一套系统、科学、直接、可行的指导理论,为他们提供方针和目标。这便是马克思主义哲学体系的颠覆性意义,即作为"批判的武器"。

3 历史唯物主义

历史唯物主义又称唯物史观,是马克思主义哲学的重要组成部分。历史唯物主义也是马克思主义者认识一切问题必备的基本"心法"。在革命时代,它对宗教、腐朽的旧统治有着摧枯拉朽的力量;在和平建设时代,它又对认识现实、科学合理地制订计划有着不可替代的基础作用。在这一节中,我们一起来看看它是如何产生的。

1814 年反法联军进入巴黎后不久,路易十八正式登基,并颁布了《1814 年宪章》,在法国大革命期间被推翻的波旁王朝得以复辟。经历了法国大革命的震荡之后,以保皇派和土地贵族为代表的欧洲保守势力,为了攥紧手中的权柄,开始疯狂反扑改革派,进而造就 19 世纪前半叶欧洲史上重大的政治反动期。

在这样的背景下,一大群流亡诗人、画家、作家、记者、音乐家和思想家聚集在巴黎,带着令人振奋的情感和理想主义,对旧秩序的各种代理势力继续着未竟的讨论和批判。

对这一代欧洲知识分子而言,他们共同面对着一个足以为历史定调的核心问题——为什么法国大革命最终失败了,是哪种不足导向了波旁王朝的复辟?对于那些在法国大革命失败后,依然试图建立一个自由公平之社会的人来说,以史为鉴,在未来需要避免哪些错误,这是非常重要的。

这个议题体现在生活于这一时期的哲学家身上,表现为:他们非常迫切地想搞清楚,是否存在支配社会变革的客观规律?

在这一问题的回答上,思想家们依据的哲学体系不同,解题思路也大相径庭。

黑格尔派认为,世界上存在着一个看不见摸不着的意志(绝对精神),它将决定历史怎么走,人类社会发生的一切都是为了满足这一意志。在今天,这种理解就像是说有一个鬼魅在背后支配着人类。

在此基础上,黑格尔派认为,这一意志还没发展到适当的阶段,因此革命的时机并未成熟。革命者们想要实现的"自由、平等、博爱"的共和理想过于抽象,不符合当时的历史发展趋势。那么接下来该做些什么呢?黑格尔派的答案是:继续进行批判,直至现存秩序灭亡,因为观念决定现实。

这就是英雄史观的唯心主义哲学基础。这种观点认为,事物的发展和社会的进步归功于那些有着远大理想的伟大人物,他们凭借自身的远见卓识,于破釜沉舟中推动历史的车轮向下一个阶段前进。英雄史观创造了诸多被神化了的历史人物,如林肯、拿破仑、切·格瓦拉、甘地等。而占人类最大多数的劳动人民,在历史发展中被忽略了,并被视为几乎不起任何作用。

按照这种说法,历史变革的到来只有等待"意志发展到适当阶段",等待一些轰轰烈烈的大人物降生。只需等待、不要革命,这样的理论对于统治者而言是多么贴心啊!

现在我们知道:时势造英雄。所谓大人物,其实都是在实践中产生的,没有谁天生就是大人物,我们也无法知道谁生下来就是为了推动历史发展。但在当时,这种理解并没有得到广泛的认可。

面对黑格尔派的观念,无神论者认为,自启蒙运动以来,放眼世界历史,人类为了实现自我、获得自由所付出的努力,就是为了避免沦为神秘力量的依附品。但在英雄史观中,普通人唯一的角色被降级为"绝对精神"的玩物或依附品。

而我们普通人真的是玩物或依附品吗?

要回答这一问题,就要先理解马克思对英雄史观的公开批判,即这种神秘力量或者说"绝对精神",只是一厢情愿的臆想和迷信。

马克思是坚定的无神论者。假定世界历史的终点站着一个"客观的神",而人类最崇高的目的就是冲破迷雾,最终投入"神"的安详怀抱——这一观念对于马克思而言是不可接受的。

首先,"绝对精神"这个概念被马克思瓦解了。

唯物史观最根本的要义,就是生产方式和物质生活的组织形式是构成人类历史的根本前提。人类社会的历史阶段被划分为原始社会、奴隶社会、封建社会、资本主义社会、共产主义社会等,那是根据什么划分的呢?是技术的发展吗?是各个时期统治阶级成员高瞻远瞩的伟大想法吗?都不是。马克思指出,是"生产"。阶级或等级,是由生产什么、怎样生产以及怎样交换产品来决定的,且物质生产决定精神生产。例如,我们见过包子,脑海中就能想象包子的样子。所以,在黑格尔唯心史观中占据核心地位的"绝对精神"概念,在马克思看来,只是被物质生产决定的精神生产的一部分罢了。

其次,唯物史观格外强调"阶级"和"阶级斗争"的重要性。

在马克思的分析中,国家内部的一切斗争本质上都是不同阶级之间的斗争,包括土地贵族、金融贵族、工业资产阶级、小资产者、无产阶级、牧师和农民等。

无休止的阶级斗争,并不能把人类解救出来,也无法实现人类的根本解放和自由。马克思对人应该如何生活的理想设想,是人可以凭自己的兴趣过上"上午打猎,下午捕鱼,傍晚从事畜牧,晚饭后从事批判"的生活。这是一种身份多样、不受外力制约、随性跳跃,并且不被框在某种单一分工和时间秩序内的生活。举个例子,如果某个人只拥有学生、老师、公务员、律师、工厂工人、保洁员等单一身份,那么他的生活就会极度单一、匮乏,缺少自由和快乐。

那么,在唯物史观的框架中,如何让"每一个人都能得到自由而全面的发展"呢?

马克思把这一重任交到了无产阶级手中,理由是他们除了自己的劳动力之外,已经被剥削到一无所有。此外,他们构成了社会中的大多数,基本上所有的剥削都是针对他们的,这决定了无产阶级不会为任何陈旧秩序作任何辩护,最能胜任革命完成后重建社会的工作。基于此,马克思作出了一个我们耳熟能详的判断:人民群众是历史的创造者。

最后,马克思强调,无产阶级必须清楚历史是依照怎样的规律产生的,以便在这些规律范围内行事。若是在一无所知的情况下,违背历史的规律,无论有意还是无意,都将会是徒劳无功。其制造的混乱,还将削弱或打败无产阶级,因而延长现有的痛苦。这便是历史唯物主义作为理论武器的存在意义。

4 辩证唯物主义

辩证唯物主义是马克思主义指导实践的一大法宝。

作为一套有效的研究方法，辩证唯物主义是怎么产生和发展的呢？具体指什么？我们该如何正确地运用它？要把握这几个问题，首先要回到辩证唯物主义诞生之初去考察。

在《资本论》第一卷中，马克思简单阐述了自己在本书中使用的研究方法，即辩证法。作为对马克思影响最大的哲学家，黑格尔是我们了解马克思的辩证法的出发点，他第一个全面地、有意识地叙述了辩证法的一般运动形式。

黑格尔在《小逻辑》中就提出了关于辩证法的理论。在他看来，观念是现实事物的造物主，而现实事物只是思维过程的外部表现。也就是说，黑格尔的辩证法建立在"观念第一"的原则之上，即辩证唯心主义。它的起点是人的意识或观念，终点是人类的"绝对精神"。在这套逻辑中,所有社会弊病都可以简单地解释为观念的异化,这正是马克思坚决反对的。

马克思在对黑格尔的批判中提出了自己的看法:"观念的东西不外是移入人的头脑并在人的头脑中改造过的物质的东西而已。"这为整个马克思主义哲学体系明确了"物质第一"的基本原则。

马克思认为,物质是一切的基础,大脑是物质的器官,而意识来源于大脑,所以意识只不过是对客观存在的反映。物质世界的发展遵循着一定的客观规律,并独立于人对它的主观感知。

马克思相信,通过准确的科学研究和经验观察,人可以认识、把握规律。进而,他主张在研究、分析问题时,始终把对物质世界的分析置于首要地位,这就是辩证唯物主义最基本、最核心的观点。现代科学的发展,已经证明了马克思在这一问题上的正确性。

"世界统一于物质、物质决定意识"这一原理,要求马克思主义者"坚持一切从实际出发",实事求是,在实践中检验真理和发展真理。同时,应注意客观实际并不是一成不变的。所有事物都处在联系、变化和运动之中。达尔文的进化论学说就证明了世界上的一切事物都是相互联系的,一切形式的进化都处在不断的发展进程中,包含旧事物的必然消亡和新事物的产生。

辩证法便是在支配事物内部和事物间相互对立的力量中发展的,这种力量便是"矛盾"。为了更好地理解矛盾的力量,我们可以借助辩证法中的三条基本规律。

　　第一条是矛盾的对立统一规律。规律主张"既对立又统一"存在于所有事物和历史发展进程中，是辩证唯物主义的本质原则。简单来说，每个事物中存在着两个相互对立又紧密联系的方面，它们塑造了一个事物的整体，共同推动事物的发展，并且使其永远处于变化状态。

　　例如，物理学中，作用力与反作用力、正电荷与负电荷；化学中，原子相互结合与分离的运动；政治学中，地主和农民、资本家与无产者之间的阶级斗争。它们之间，没有一方则不存在另一方。如果想把握事物的全貌并解决问题，至少要学会一分为二地看待事物的发展。

　　第二条是量变与质变规律。这个规律把所有事物的发展看作是从一种状态到另一种状态的转变。在发展过程中，事物的本质会增加或减少某一决定性要素。当这一要素的变化累积到一定的临界点，事物的本质便会发生改变，这种改变会从根本上重塑事物的发展进程。仔细观察一颗新鲜苹果的腐烂，一壶水从常温被加热至沸腾，其中就藏着量变与质变规律。

　　第三条有点拗口，叫否定之否定规律。简单来说，新事物取代旧事物的过程中，一个事物的旧状态发展到终点时，在质变发生之前的这一阶段便构成"第一层否定"，例如一只蝴蝶幼虫破茧而出前一秒的过程。成蝶之后，它就不再是一只毛毛虫了，而是

发展出了一种新的存在状态，这便是"第二层否定"，即否定之
否定。

马克思主义中的否定之否定，并不意味着完全消灭或者否认
旧状态的存在。在旧形态向新形态的转化中，旧形态的遗迹通常
会在新的发展进程中得以保存。例如，虽然资本主义的生产和生
活方式在全球范围内依然强劲，保持着对世界经济的支配地位，
但巴布亚新几内亚这样的国家中依然存在着原始社会下的氏族
生活。

最后，我们还应该回到人的实践，回到实践与认识的辩证关
系中，把握马克思主义哲学的现实前提。

再次回到唯心主义和唯物主义的区分，不同于"我思故我
在"，辩证唯物主义是从需要为有食果腹、有衣蔽体、有屋遮风的
物质生活条件，而付出大量劳动的有生命的人出发的。马克思强
调，这是考察人类历史发展进程的"第一个前提"。

为了把握好这个前提，我们需要确认的第一个事实，便是人
为了保证肉身的生存，如何生产生活资料，如何确立自身与其他
事物的关系，如何与他人交往，以及如何建构起自己的物质生活。
在马克思眼中，这些是最基本的实践活动，是决定其他一切活动
的基础。

正是通过对人的实践活动和财产积累形式的考察，马克思把

人类历史分为了原始社会、奴隶社会、封建社会、资本主义社会和共产主义社会等不同发展阶段。

对当下的中国来说,从人们的实践出发把握整个社会正处于哪一阶段,尤为重要。我们目前的国情是仍处于并将长期处于社会主义初级阶段,这一国情便构成国家认识当下、规划未来、制定政策、推进事业的客观基点,也构成我国社会发展和人民安居乐业的最大实践基础。其中的谋划与实践,便运用了辩证唯物主义这个法宝。

5 透过现象看本质

一天，孔子向东游历，看到两个小孩在争辩，便问是什么原因。

一个小孩说："我认为太阳刚刚升起时离人近一些，中午的时候离人远一些。"

另一个小孩则认为太阳刚刚升起时离人远些，而中午时离人近些。

一个小孩说："太阳刚出来时像车盖一样大，到了中午却像个盘子，这不是远时看起来小而近时看起来大吗？"

另一个小孩说："太阳刚出来时有清凉的感觉，到了中午却像把手伸进热水里一样，这不是近时热而远时凉吗？"

孔子也无法判断谁是谁非。

现代的我们当然可以轻松地告诉两个小孩到底谁对谁错，也可以轻松地告诉他们，你们所观察到的都只是片面的现象。

黑格尔在《小逻辑》中写道："事物的直接存在,依此说来,就好像是一个表皮或一个帷幕,在这里面或后面,还蕴藏着本质。"千百年来,人们总是痴迷于探寻自然现象的本质,以及人类社会发展背后的规律。

那什么是现象,什么又是本质?

从辩证法的角度来看,本质与现象是揭示事物内部联系和外部表现相互关系的一对基本范畴,是对立与统一的关系。本质是事物的内部联系,决定事物的性质和发展趋势;现象是事物的外部联系,是本质在各方面的外在表现。因此,任何事物都有本质和现象两个方面。不存在不表现为现象的本质,也没有离开本质依然存在的现象。

正如马克思所说,"如果事物的表现形式和事物的本质会直接合而为一,一切科学就都成为多余的了"。毛泽东也曾说过:"用直觉一看就看出本质来,还要科学干什么?还要研究干什么?"如果没有现象与本质的"表里不

一"，这个世界可能会失去很多探索的乐趣。

人类文明发展到今天，无论是社会科学，还是自然科学，有志于投身其中的人都至少会共享同一条原则、同一种信念，即世界是一个蕴含着普遍性规律的统一体。探问事物的本质是什么，是人类获取知识的途径，也是认识世界的过程。从这个意义上来说，"透过现象看本质"，在今天依然是正确的。

然而，如何实践这一方法呢？

在《资本论》中，马克思介绍了他所运用的研究方法：充分地占有材料，分析它的各种发展形式，探寻这些形式的内在联系。

首先，透过现象看本质必须充分占有资料、进行大量的调查研究。这种调研既包括实地调研，也包括研究前人整理的资料与统计数据。为了了解工人境况，马克思先后同法国及德国流亡者的工人组织建立了直接联系，参加他们的集会和讨论；创立布鲁塞尔共产主义通讯委员会，开展各种活动了解德国、比利时、法国、英国等国的工人运动状况；经常在自己的书房接待各国工人运动的代表，及时了解各国情况；为了写作《资本论》中关于英国劳工法的 20 余页文字，几乎翻遍了当时图书馆载有相关调查委员会和工厂视察员报告的蓝皮书，认真读完了每一份报告。

当前我们处于人工智能时代，调查研究的方式和手段也在不断地演进和变革，比如利用大数据分析，从海量的信息中挖掘出有价值的那部分,并总结出模式和规律。这种调查研究方法,不仅可以大大提高效率,还能帮助我们发现传统方法难以揭示的细节。

其次,透过现象看本质还要探寻事物的内在联系。但是这种探寻不是从具体开始,而是从抽象开始。正如马克思对政治经济学研究方法的阐释:"抛开构成人口的阶级,人口就是一个抽象。如果我不知道这些阶级所依据的因素,如雇佣劳动、资本等等,阶级又是一句空话。而这些因素是以交换、分工、价格等等为前提的。比如资本,如果没有雇佣劳动、价值、货币、价格等等,它就什么也不是。"显然,从具体开始是一种表面化思维,由此得出的结论一般属于知性知识或经验科学,早已为黑格尔所彻底批判。从抽象开始才是辩证法的内在要求,因为只有抽象才能发现事物的内在规定性,即本质。

马克思对资本主义社会的批判正是从简单抽象开始的,随后又"从抽象上升到具体"。怎么理解马克思的这种抽象和具体呢?

想象一下,我们在水果店里看到了许多不同种类的水果,比如苹果、香蕉和橙子。这些就是具体的水果,它们有各自的形状、颜色和味道。但是,当我们想到"水果"这个词时,会想到所有的水果,不仅仅是苹果或者香蕉。这个时候,我们在想的"水果"就是个抽象的概念,就包括了所有种类的水果,不再关注单个水果的特点，而是把它们共同的特点归纳了起来。所以，具体就像手里拿着的一颗苹果，而抽象就像想象中的所有水果一样，是一种普遍的概念。

不过，再抽象的理论分析最终也要回归现实，经受实践的检验，否则就没有意义，这体现了马克思的科学态度和科学精神。

对于经济和社会研究来说，尤其需要这种态度和精神。即便是理论研究，也不能沉湎于理论推演，不能总是在理论内部来回推理实现自我闭环，而应该把理论优势和生命力体现到对具体现象、鲜活事实的解释力上，否则就不能延续理论的生命。

最后，马克思强调"光是思想力求成为现实是不够的，现实本身应当力求趋向思想"。当我们透过现象看到事物的本质后，应该继续深化研究。在经历了由片面到全面、由不甚深刻到较为深刻的发展过程后，就可以总结事物的发展规律，再按照这种规律，推动现实事物演进，这才是认识事物本质的最终目的——改造世界，向着我们想要的方向。

现阶段，人类社会出现了诸多新现象，包括气候变化、资源和能源危机、人工智能、经济逆全球化等。正如历史不存在"绝对精神"，马克思的理论也不会为我们提供现成的、认识新世界的公式和模板，但他留下的方法与思想将成为我们认识新世界、寻求其本质的不竭动力，让我们有信心将世界改造得更加美好。

第五章

学以致用：成为马克思那样的全才

我们能向马克思学习什么呢？

如不偏科的秘诀

如写出好作文的法宝

如搭建自己知识体系的方法

1 不偏科的秘诀是什么

1849 年 8 月，马克思流亡英国，来到了他即将铸造伟大理论武器的最后栖居地——伦敦。

彼时的马克思，深陷巨大的经济困难。他不得不写信给恩格斯、萨拉尔等人求助，各种债务压得他喘不过气，饥饿也成为常态。幸好，他得到了大英博物馆的阅览证。困厄之中，是不知疲惫的读书和科研带给了他"无穷的安慰"。

持续好几年，无论风吹雨打，马克思坚持每天早上 9 点准时到大英博物馆读书，晚上 7 点回家，博物馆里的工作人员都知道他的专座。多年不间断地阅读，甚至让他的座位底下出现了双脚踩出的印痕。这一细节虽是后世民间的演绎，但马克思一生著书立论，足以让这一传说在人们心中永生。

借着阅读、思考与研究，马克思将思维成果拓展到哲学、经济、历史等诸多领域，乃至探索出整个人类社会发展的规律。

后人看精通多科的马克思，大多对其全知般的才能与天赋表示敬佩与称赞。的确，马克思一生在哲学、历史、政治、宗教、文学艺术等多领域都展现出了惊人的热情、理解力与创造力，且几乎能深入每一学科的核心与本质。

与马克思相交甚深的政治家李卜克内西曾作出评价：马克思的头脑里有着整个宇宙，他深入一切本质的细节，不把任何东西当作非本质的或者不重要的。他的知识是多方面的，甚至可以说是一切方面的。

马克思从未将不同学科之间相异的逻辑视为是彼此排斥的。相反，他善于从多维度思考，把不同知识贯穿起来，搭建起属于自己的丰富而牢固的知识体系。

恩格斯曾评价马克思：在他所研究的每一个领域，他都有独到的发现，而且任何一个领域都不是浅尝辄止。

譬如，持续终生的对哲学的研究。在柏林大学期间，马克思先是阅读了大量有关罗马法体系的哲学著作，接触到了黑格尔，又根据对黑格尔及其学生的著作的研究，写作对话集《克莱安泰斯，或论哲学的起点和必然的发展》。马克思的这篇习作，在一定程度上把科学和艺术结合了起来。

在此基础上，马克思继续研究自然科学和历史，将哲学与其他学科交叉融通，编织成触类旁通、博采众长的知识体系，这是后

来马克思主义唯物史观产生的重要基础。马克思的理论创新,根本上离不开多学科的知识积累和一以贯之的问题意识,譬如"历史法学派的哲学""经济学哲学"等在今天研究者耳熟能详的名词,大多是马克思首创的。

严格说起来,世界上没有一门完全孤立的学问。政治学牵涉历史、经济、法律等学科;物理学、生物学等科学,也都建立在数学的基本理念上;哲学、心理学、文学,如交叠重合的万花筒,合在一起方能绽放出美丽之花。

中国现当代美学家朱光潜认为,任何一种知识"不能通就不能专,不能博就不能约。先博学而后守约,这是治任何学问所必守的程序"。人类学术史上,凡在某一科学问上有大成就的人,都必定在其他许多学问上也有基础。

在大部分西方大学里,学生所修学科并不是从入学开始就明确的。学校会要求学生先选择较大的学科门类,比如社会科学、人文科学。在各学科类别里,初阶教学涵盖许多不同的基础课程,如社会科学系学生,会先修心理学、经济学、作文与论文方法等基础课程,再结合自己的兴趣,延伸到具体专业里。

以哲学为终生之业,其实是马克思在青年时就确立的志向。先是热衷伦理问题及康德宗教观的约瑟夫·居佩尔牧师对马克思的耳濡目染,后来是柏林大学激烈的思想争论与浓厚的哲学氛围深深感染了青年马克思。在该校的第一年，他就下定决心要"专攻哲学"，甚至给父亲写信说，"没有哲学我就不能前进"。可见青年马克思想要征服哲学领域的昂扬斗志。

不论是通过读书、交流或是别的方式，要想真正实现对知识的理解和构建，一定要基于自我心中的天然渴望。当代作家余华就提倡要凭着兴趣的指引去阅读，"有兴趣的话不理解也会读完，没兴趣的话理解了也不会读完"。

然而，人的精力与时间都很有限。眉毛胡子一把抓，最后也许是竹篮打水一场空。那如果对许多学科都感兴趣，我们该如何找到自己的方向和重心呢？

青年时期的马克思对艺术与诗歌兴趣浓厚，但当他逐渐找到自己真正向往的道路后，就放弃了艺术。他认识到"写诗可以而且应该仅仅是附带的事情"，如果诗歌不能使生活变得美丽、变得幸福，那就把它抛掉吧。

当下，经济全球化使得劳动分工与专业技能都发生了显著的变化。教育的细分，让"知识"代替抽象的"智慧"，成为社会生产与育人的主要"原料"。比如，传统高中分文科和理科，就是为日后培养不同类别的人才而准备的。

但知识并不直接等于智慧，也不等于广义的学识。知识之于人，是客体、是外在的东西。一个人拥有了足够多的知识，并不意味着他就拥有了深厚的智慧或学识。

　　大多数知识是敏于思考的人创造出来的。任由自己的大脑接受知识的灌输,久之必然疲惫。而主动、博采众长的知识创造,则主要依靠人的主观能动性,以及基于生命力的热情。

　　马克思在《1844 年经济学哲学手稿》中的结论历久弥新:自由的有意识的活动恰恰就是人的类特性。归根结底,学习应是一种主动行为,而不应是我们被动地接受灌输,应是我们在受启迪的基础上,创造出新的、完全属于自己的东西。

2 如何写出好作文

1835 年 8 月 12 日，年仅 17 岁的马克思，在中学毕业考试试卷上写下了一篇名为《青年在选择职业时的考虑》的作文，老师给他留下了这样的评语：卡尔·马克思的文章思想丰富、结构严谨，但是也有一个他常犯的毛病——过分追求文辞的华美。

百余年后再翻出这篇短文来看，事实上，除了一两句稍显冗长的比喻，全文并不算太过辞藻华美。阅卷者如此评价，或许也有德国人追求精简凝练的原因。不过，即便到今天，大多数写作初学者仍然容易掉入这样的误区：热衷堆砌大量华丽、宏大的词语，仿佛它们在自己脑海里储存多年，若是不用，便显得可惜且不礼貌，哪怕它们只是字形美的形容词。

其实，这与一个人在少年时期的阅读和接受习惯有关。在我们得到专门引导前，充满华丽辞藻的青春文学似乎总比言辞朴素的名著更受欢迎，因为它们不试图灌输道理，看上去很美，就像一栋辉煌的大楼,让人心向往之。

但在"写作"这幢大厦面前,写作者必须是为每一块砖瓦负责的工匠,而不应只是一个自我陶醉的鉴赏者。从提笔伊始,每一个字词都将影响着整栋建筑的牢固性与美观性。故而,准确性才是影响文笔的关键因素。

什么是准确性呢? 其实就是对修辞的把控能力。好的写作者,在写文章时应当选择最合适的那个词而不是最精美、最高级的那一个。准确性指的是作者在自己头脑的仓库里搜寻一遍之后,发现只有那一个具体的词语可以描述其想表达或描写的对象,其他任何一个词语都不如它合适。

沈从文在小说里写"一片时间隔着这两个人的友谊",量词"片"就比"段"字要好。张爱玲在《倾城之恋》里作了一句比喻,"那幽暗的背景便像古老的波斯地毯,织出各色的人物",这里的"织"也是那唯一的、不可替换的动词。这就是文字准确之美。

如何找到那个最准确的词呢? "文章不厌百回改。"即使是马克思,也总是对自己的作品反复修改、精雕细琢。在 1863 年至 1868 年间,马克思写成了包括《资本论》理论部分在内的三大卷手稿。这些手稿不仅理论内涵丰富,而且形式规整、通俗简明。为了在语言表达上精益求精,在签订第一卷出版协议后,马克思又用了一年时间对手稿第一部分进行加工和改写。之后,在出版德文第一卷第二版时,他又对第一卷的整个结构进行重新组织,作了大量修改。在出版法文版时,他也作了适应法国人思考习惯的修改。这种追求准确的责任心促使马克思不断完善自己的研究,他把自己的著作当作一个"艺术的整体"。

当然,除了用词精准外,行文的流畅度、通俗性与完整性也是影响文笔以及读者观感的重要因素。文笔可以说是作文的技巧,而技巧是可以训练的。

马克思以写作表意为终生职业,且写作范围非常广泛,涵盖政治、经济、历史、哲学等多个领域。为了不断提升、打磨自己的语言质感,除了必要的理论学习,他还阅读了大量优秀的文学作品。

语言是作者思维方式的体现。大多数外国名著在被翻译成其他语言后,常常会变得晦涩难读。这既与译者的翻译水平有关,也可能是语言文化切换带来思路摩擦和损耗的结果。于是,为了原汁原味地吸收不同国家的一手资料,马克思不间断地学习外文作品,从莎士比亚的英文作品,到巴尔扎克的法文作品,再到但丁和马基雅维利的意大利语作品及赫尔岑的俄语作品,等等。

他曾坦言,自学俄语的最初目的是为了能直接阅读俄国的统计资料,"1870年初我开始自学俄语,现在我可以相当自如地阅读了"。彼时的马克思已经50多岁了。久而久之,马克思便可以流利地使用至少三种语言写作。他用英文给《华盛顿邮报》供稿,用法语写作《哲学的贫困》。写作过程中,他还经常将英、法、德三种语言交换使用,使彼此对照、互鉴修辞。不同语言之间的碰撞,也常能使他灵感忽至,文思泉涌。

不过,虽然作文技巧可以通过训练习得,但文章所承载的思想感情,并不能通过训练而变得饱满丰富。甚至可以说,这与一个人的阅历、年龄并无必然关联。孩童也有孩童的诗意,哪怕他们言语稚拙。

中国第一部系统性文学理论著作《文心雕龙》的作者刘勰认为,文学作品的作用就是"持人性情",掌控人的思想和感情。思想感情可以是私人的,也可以是具备普遍性意涵的。并不是说,个人的感情就一定比普适的道理更低级,相反,用文字剖析内心并将其大方展示,更需要写作者具备足够的诚实与勇气。

文学上的真实与科学上的真实截然不同,后者要求采用一种客观的严格标准,前者则要求通过语言表达自身对世界的理解和感悟,是一个追求内心真情实感的过程。

马克思自小便显露出文学创作天赋,是一个独一无二的讲故事能手。据他的小女儿爱琳娜透露:马克思小时候对待自己的妹妹们有些蛮横,会把她们像马一样从山坡上驱赶下来,但是妹妹们却一声不吭,只为听他给她们讲故事。马克思的中学成绩单也证明了这一点，文学课程"成绩优秀、翻译能力非凡"。

马克思虽未能成为诗人，却让文学以另一种方式成为他笔下的武器。他喜欢用文学术语论证和厘清看似与文学并无关联的问题，并通过引证他所喜爱的作家词句来表达自己想说的话，或达到论辩和叙述的目的。他的博士论文第一句便是如此："希腊哲学看起来似乎遇到了一出好的悲剧所不应遇到的结局，即平淡的结局。"作为文学形式的戏剧在这里提供了某种类比。

除了抒情，作文的另一个功能是说理。说理即发表观点。所谓观点，先有"观"，才能有"点"。如实地观察是为了保证我们言之有物，以客观存在为尺度，而非以主观自我为尺度。

由于时间、精力有限，对于我们而言，引经据典也是发表观点时一种很好的借力方式。那些经过历史沉淀的文字可以助我们将文理顺势送上更通俗的轨道，与我们当下的认知、情感结合起来，从而使行文势如泉涌。

但是一味围绕名人名言去展开个人表达，就很容易陷入大师的"陷阱"里。他们既可以帮助我们厘清自己的思路，也可以将我们拽入平庸和惰性。他们站在历史深处，用炫人眼目的笑容迷惑我们，引诱我们躺进看似舒适的思维洼地。

回望历史是为了以史鉴今。一味沉浸在对历史的回顾中，只会让我们的说理显得怯懦和薄弱。正如海明威所说，一切蹩脚的写作者都喜欢史诗式的写法。在《〈黑格尔法哲学批判〉导言》中，马克思也使用文学理论和文学批评的常用词汇来表明他对当时德国"缺乏革命的大无畏精神"的看法："德国社会各个领域之间的关系就不是戏剧性的，而是叙事式的。"

但马克思本人在使用文学引语的方法上不拘一格，他常常在论证中适时插入引语，期望有足够知识的读者在阅读中自动补充引语的上下文，从而使文章的论证出人意料。在《第六届莱茵省议会的辩论（第一篇论文）》中，马克思写道，"不过，读者会打断我们说：我们本来打算谈谈'莱茵省议会的辩论'，而现在却给我们抱出一个'无罪的天使'"。在这里，"无罪的天使"化用自歌德在《浮士德》第一部中对甘泪卿的两种描绘：墨菲斯托菲勒斯的"无罪的小东西"和浮士德的"不祥的天使"。

又如，马克思与恩格斯合写的《共产党宣言》中有这样一段文字："资产阶级的生产关系和交换关系，资产阶级的所有制关系，这个曾经仿佛用法术创造了如此庞大的生产资料和交换手段的现代资产阶级社会，现在像一个魔法师一样不能再支配自己用法术呼唤出来的魔鬼了。"这里的"魔法师"典故出自歌德的诗作《魔法师的学徒》。在原诗中，学徒召唤出了他无法控制的精灵，最后依靠师父，即"魔法师"的帮助才挽救危局。读者如果能够读出这里的比喻，自然能对作者想要表达的严峻状况有更深入的体会。

作文的目的，永远不是应付读者。一名真正的写作者也不会提前为其读者群体设限。相反，一个内心满怀激情的真正的写作者，从提笔写作的那一刻，就开始思量如何让数量更多、范围更广的读者愿意倾听自己的表达。这才是作文的魅力所在，也是马克思能够教给我们的写作之道。

3 如何搭建自己的知识体系

北宋文学家苏轼认为，人们在读书时，往往会觉得到处都是有用的知识，犹如"八面受敌"。读者好像被掷入其中的蜉蝣，很难完全掌控所有的内容，但如果读书时能有意识地带着一个专门的目标，或者找到一个大致的方向，朝着某个特别的方面探究，长此以往，必有所获。

苏轼读《汉书》，用的就是这个方法。第一遍专门探究"治世之道"，第二遍着重研究"用兵之法"，第三遍再研究人物和官制。从点到面，逐步搭建起自己对整部书的理解，详略疏密有序。

因此，要搭建知识体系，就要在阅读过程中发挥个人主导性，使阅读方向有聚焦，获取知识有体系。其中的关键，便是四个字："问题意识"，即带着问题去阅读、去思考、去辩论。

对于个人而言，形成问题意识的关键，并不在于漫无边际地好奇，而是要找到一条内在的思维脉络，形成完善的逻辑思考能力。在现代大学教育体系里,有一门基础学科叫作"逻辑学",其起源包括古希腊文明的形式逻辑与中国先秦的辩证逻辑。狭义的逻辑学,主要指研究推理的科学,即根据前提和必然推导出结论的科学。广义的逻辑学,则主要研究思维形式、思维规律等普遍适用的思考方法。

逻辑学究竟是否需要专门的学习,一直以来颇有争议。德国哲学家黑格尔认为,每个人无须学习逻辑就能思考,正如无须研究生理学也能消化一样,他甚至提出著名观点"存在即合理"。但在马克思那里,现实是由物质组成的,独立于人的意识而存在,人们如果想解释这些客观现实,那么认知的过程与逻辑必不可少。

正如马克思曾在其手稿《集权问题》中指出:世界史本身,除用新问题来回答和解决老问题之外,没有别的方法。问题是公开、无所顾忌、支配一切个人的时代之声。它是时代的格言,也是表现时代内心状态最实际的呼声。认知,就是要认识和思考所处时代的真正问题。

在马克思生活的年代,没有电子产品,更没有网络这种便于获取信息的服务。所以,读书与思考不仅是他的爱好,更是他认知时代的最好途径。

即便在流亡伦敦、生活窘迫时,马克思家中也有一千多本书。虽然藏书很多,但对每一本书,马克思都会有针对性地进行阅读。

他会对书中自认为重要和有参考价值的地方加以摘要,并做笔记。据统计,马克思在写作《资本论》时,研究了 1500 多种书籍,光笔记就写了 100 多本。为了查阅方便,他还对许多笔记编制了目录和内容提要,并放到特定的地方,需要时不用翻找,随手就能抽出来。

很多人将书看作良师益友,抑或精神食粮,马克思却将其看作服务于自己思考的"奴隶"。

如今,社会很少会给一个人以"思想家"之类的称号,因为"述而不作"(只叙述和阐明前人的学说,自己不创作)在崇尚实用的今天未必是个褒义词。但在两百多年前,或者更早,在柏拉图、亚里士多德等哲学先驱生存的时代,学人光是辩论就可以持续几天几夜。中国古代的老子、孔子等圣贤,就在辩论中留下了存续数千年的对全人类有益的思想财富。

但"思考的习惯",不是浮想联翩,而要遵循一定的技巧与方法,如马克思运用得炉火纯青的辩证法。传统的形而上学观念认为,经验世界和理念世界是对立的,并主张到事物的本质中寻找永恒不变的绝对真理。

但辩证法认为，万物皆流，无物常驻，经验世界有其产生的前提和条件，也有其存在的界限，具备一个产生、发展和灭亡的历史过程。人们能够运用辩证法对任意一个已有社会体系的基础进行批判。如果我们知道对一个时期的任何解释都必然是不全面的，那么就可以多想想它的"反题"（对立面），从而唤起一种新的可能。

马克思的批判体现在深刻的自我反思中，这一点又突出表现在他对《资本论》结构的反复斟酌和修正上。从《资本论》第一卷出版到马克思去世，面对世界范围内出现的各种新的复杂状况，他在原有手稿的基础上，重新思考了资本的性质、运动、逻辑及其后果，做了极其繁复的工作，写作量大大超过了创作初稿时的文字量。尽管他并没有明确表达、概括出这些思考，但其中无疑孕育着新的体系，也铺筑了走向 19 世纪末 20 世纪初资本运动及其理论分析的通道。可以说，自我批判最终促成了马克思的自我超越。

马克思从黑格尔那里学来了辩证法，并且通过批判自己的老师抵达了唯物辩证法这座思维高山。他通过费尔巴哈学到唯物主义的妙处，最后在批判费尔巴哈的时候，触探到了历史唯物主义的门槛。当费尔巴哈提出决定人们行为的是人的类本质（可理解为人性）的时候，马克思不以为然。他大胆提出，衡量历史的尺度是人们的自由程度,而自由的前提是生产力发展从而带来的每个人的自由和解放,并不存在所谓亘古不变的抽象的人性。

对时代问题的认知欲望,也让马克思对那些只会躲在书斋里空想的"思想家"嗤之以鼻。他在有关黑格尔的讽刺短诗中写道:"康德和费希特喜欢在太空遨游,寻找一个遥远的未知国度;而我只求能真正领悟在街头巷尾遇到的日常事物!"

因此,为了反驳莱茵省总督冯·沙培尔对《莱茵报》两篇文章的无理指责,马克思通过新闻采访的方式深入细致地了解了摩泽尔河沿岸地区居民真实的生活状况,以无可辩驳的事实揭露了摩泽尔河沿岸地区资产阶级政府背离人民的"官僚本质"。为了了解德国、比利时、法国、英国等国家工人运动的实际状况,他和恩格斯创立了布鲁塞尔共产主义通讯委员会,并参与领导委员会工作。为了给法国《社会主义评论》杂志起草一份《工人调查表》,他将调查设计成四个部分,涵盖近百个问题,堪称社会调查研究问卷的范本。所以,在马克思逝世后,恩格斯惊讶地在他的稿纸中发现:仅仅那些关于俄国的统计数据资料就超过两立方米!

毛泽东曾在《实践论》中指出:实践、认识、再实践、再认识,这种形式,循环往复以至无穷,而每次循环的内容都升级了。马克思正是带着问题意识去认识时代,最终在实践中建立起了自己扎实、独立的知识体系。

在信息化时代，我们比马克思更容易获知天下大事，但经过剪辑、拼接，加入了他人生命经验和个人视角的信息，恰恰也容易混淆我们对时代问题的认知。因此，愈是"八面受敌"，愈要广泛涉猎、知其根本，唯有如此，方能独上高楼，仰望满天星！

第六章

志向远大：做马克思式朝气少年

做马克思式少年，要志向远大

扣好人生第一粒扣子

播下一颗梦想的种子

做历史的创造者

1 扣好人生第一粒扣子

如今科技发达，我们每个人只要拥有一部手机，就可以和全国甚至世界上的数亿人出现在同一个平台，实现联通。

20 年前，电话的普及率较低，手机更是只有少部分人在用。再往前推 20 年，如果我们想要见一个朋友，往往要靠步行或者骑自行车去他家，甚至有时会扑空。

今天人与人可以便捷地联系。便捷意味着，假如我们要卖一件东西，或者做一场表演，只要在家里架起手机，开启直播，就可能会有人围观。当围观的人足够多时，就会有一部分人愿意付费。而且现在支付很方便，扫码转账，不管距离多远都能将钱送到对方手上。因此，赚钱看上去变得很简单。但有一些"网红"，通过哗众取宠，甚至发布虚假消息迷惑大众来赚钱。他们赚钱的办法，实在称不上是一种正当的劳动，因为我们从小受到的教育就是：劳动光荣，要凭自己的合法劳动，为社会作贡献，堂堂正正地获得收入。

但我们原有的职业选择、人生理想,似乎在互联网时代受到了挑战。有时候我们会有一种困惑:在当前和未来社会,从小打好基础、努力学习,未来努力工作,究竟还是不是必要的?家长们也会担心,自己的孩子如果以上述职业为理想,成长过程中是否会很容易误入歧途?

当代社会究竟是不是不需要积累知识和技能,就可以衣食无忧、名利双收,过上好生活呢?如果由马克思本人来解答这个问题,他可能会这样回答:

第一,要用发展的眼光看问题,目光要长远。社会发展日新月异,而且正越来越快。因此,眼前大部分吸引人、风光无限、轻松赚钱的职业都是暂时性、阶段性的,有朝一日终会没落。

第二,要用辩证的思维想问题,看到另一面。暂时性、阶段性赚快钱的方法,固然可能让人赚得盆满钵满,但这只是极少数情况,绝大部分人还是空手而归,浪费光阴。同时,这些赚快钱的方法,总是隐藏着许多不堪的事实,比如欺骗、造假、违法等,为了赚快钱,人很容易被金钱异化,最后无所不用其极,毁掉自己的一生。所以,清代孔尚任所说的"眼看他起朱楼,眼看他宴宾客,眼看他楼塌了"的情形,其实每天都在发生。

第三,要理解何为真正的美好生活。过上美好生活的核心在于追求意义、获得价值感。价值感会让我们内心安宁、舒畅,感到幸福,而价值感主要来源于我为这个世界做了什么、留下了什么。

万丈高楼平地起,理想的高楼是否风雨不动,取决于我们是否打好了根基。比如,动机是好的吗? 我们的知识和技能足以支持自己追求和向往的事业吗?

2014 年 5 月 4 日,习近平总书记在考察北京大学时用了一个精妙的比喻,阐释打好价值观根基的重要性,"青年的价值取向决定了未来整个社会的价值取向,而青年又处在价值观形成和确立的时期,抓好这一时期的价值观养成十分重要。这就像穿衣服扣扣子一样,如果第一粒扣子扣错了,剩余的扣子都会扣错。人生的扣子从一开始就要扣好"。

怎么才能扣好这第一粒扣子呢?

第一,努力学习,追求知识,崇尚科学。中华民族素有崇尚学识、追求知识的传统。鸦片战争以后中国沦为半殖民地半封建社会的历史,让有识之士意识到自己离前沿科学有差距,于是发奋直追,一代代人努力学习,不甘心落于人后。学习没有捷径,刻苦努力是唯一的路途。有人会说,我们怎么学习也追不上那些天才啊! 其实,一方面,天才也是很努力的,就像马克思,他的脑子里装着的浩瀚思想和科学方法,都是他经年累月积累的成果;另一方面,学习不是为了和他人比较,而是为了自我完善。应时刻观照自身,有没有尽力? 有没有进步? 就像曾子说的那样,"吾日三省吾身"。马克思就在《资本论》法文版序言和跋中说:"在科学上没有平坦的大道，只有不畏劳苦沿着陡峭山路攀登的人，才有希望达到光辉的顶点。"

第二，培养责任感，勇于担当负责。责任可大可小，可以是为了特定的人、家庭、学校、社区，也可以是为了社会、为了国家、为了人类福祉。有责任感的人会走正道，会立大志。如果我们是一个能力强的人，责任感就会驱使我们为更伟大的事业努力付出，我们也能从中感受到快乐。自古英雄出自人民群众，中国之所以能发展到今天这个样子，就是因为有许许多多有理想的平凡英雄为家庭、为社会、为国家、为其他人默默地担当付出。少年马克思的那一段话说得多好啊，"如果我们选择了最能为人类而工作的职业，那么，重担就不能把我们压倒，因为这是为大家作出的牺牲"。

第三，深入了解自己的国家，只有了解，才会真正热爱。今天中国的科技应用在许多方面领先于世界，但这并不是从来就如此，更不是水到渠成的，这是中国共产党领导中国人民百年奋斗的结果。在并不遥远的过去，中国在许多方面落后于人。现在，中国已经消除了绝对贫困，进入全面小康社会。为了全面实现马克思主义指明的美好幸福生活，我们要团结一致，持续奋斗。比如，认真学习党史和近代史、现代史以及世界史，了解自己的祖国，当我们从中看到了中华民族筚路蓝缕追求现代化的艰辛历程，便会对当下事业的价值和未来目标的宏伟有更多的理解，从而自觉地投入现代化事业，在其中体现我们的价值。马克思没有来过中国，但是他在观察欧洲的同时也在关注着中国。1850 年，他在一篇时评中写道：当欧洲的反动分子去亚洲逃难，到达万里长城的时候，他们说不定就会看见上面写着：中华共和国自由、平等、博爱。

《钢铁是怎样炼成的》中伟大的共产主义战士保尔·柯察金说过："人最宝贵的是生命，生命每个人只有一次。人的一生应该这样度过：当他回首往事的时候，不因虚度年华而悔恨，也不因碌碌无为而羞愧；这样，在临死的时候他就能够说：'我的整个生命和全部精力，都献给了世界上最壮丽的事业——为人类的解放而斗争。'"他还说，利己的人最先灭亡。他自己活着，并且为自己而生活。如果他的这个"我"被损坏了，那他就无法生存了。柯察金所说的"我"，就是深藏于我们内心的高尚价值观和坚定责任感，而它们的起源，就是那扣得端端正正的人生第一粒扣子。

2 青年在选择职业时的考虑

　　我们已经知道，树立正确的价值观很重要。价值观，通俗概括就是判断对与错、美与丑、好与坏，以及决定什么会让我们感到幸福的标准。

　　人们对一切事物进行价值判断，而且经常会产生很多争议，因为每个人的价值观表现在具体事物上是不一样的。马克思是一个大哲学家，哲学家思考问题总会从终极层面着手，解决了终极问题，那些具体问题就都有了根本出发点。也就是说，人们在具体判断上有差异没有关系，因为社会本来就应该是多姿多彩的，但在根本问题上越是有共识，一个社会就越和谐、团结和有力量。

　　马克思在思考终极问题的时候，经常会把人和其他动物放在一起衡量，找到共性，也找到差别，从而使很多问题清晰起来。其他动物依靠自然本能行事，为的是找到食物以延续生命，找到配偶以延续物种。为了这两者,它们会争斗,甚至付出生命的代价,但这些都是出于本能。马克思说:"自然本身给动物规定了它应该遵循的活动范围,动物也就安分地在这个范围内活动,而不试图越出这个范围,甚至不考虑有其他范围存在。"

人有动物的本能,要生存,要繁衍和保护后代,为了这些,他们可以去争斗、牺牲。但人和动物的不同之处在于,人有选择,有更多的可能性。而要做出选择,就要有价值观作为基础。

当我们选择职业的时候,应该秉持怎样的价值观呢?这里谈论的不是我们在将来应做什么工作,而是该用什么标准去选择,这是一个根本问题,离我们并不遥远。

相信从很小的时候开始,父母和老师们就会反复地告诉我们,要学会分享。也就是说,当我们获得了一些自己喜欢的东西,也要考虑到别人可能跟我们一样喜欢它,所以应该拿一部分出来给我们的家人、朋友,或者那些虽然不认识但是很需要它的人。好东西要分享,反过来,让我们讨厌的东西,就不要强加给别人。

为什么应该这样做呢?中国儒家思想认为,这是发自人性本身的。人和动物不一样的地方就在于人有道德感,有向善的精神,这是任何其他动物都没有的。人之所以不同于其他物种,不是因为我们能够发明陷阱、弓箭、长矛、火器来打败它们,而是因为我们有"心",有向善的能力。这种能力让我们可以共情,感受到别人的快乐，也感受到别人的痛苦，并且会因为看到别人快乐而快乐，看到别人痛苦而痛苦。中国的儒家思想家们都是深刻研究人性的学者，他们在先秦时期就为我们总结出了人生的道德律："己欲立而立人，己欲达而达人；己所不欲，勿施于人。"

一个社会中如果人人都能发挥向善的能力，互助互爱，共同克服困难，这样的社会就会和谐而团结，不断变得更好，这是中华优秀传统文化中的一大信念。顺着这个出发点进一步推论，假如这个社会的生产力极度发达，能够生产出满足每个人需要的物质资源，那么它一定是最幸福的社会。而且，基于我们有共情的能力，这个最幸福的社会范围将越来越大，乃至惠及全人类。这样的社会，就很接近马克思所构想的共产主义社会了。儒家哲学主张人性向善，而马克思追求人的自由全面发展，虽然双方提出的背景不同，但在理想层面有高度的吻合性。所以我们说，马克思主义和中华优秀传统文化是相结合的，因为两者的基本精神是相通的。

但是，世界上还是有不少思想家并不认为人性向善，甚至认为人性是恶的，比如中国的法家、英国的霍布斯。所以他们主张，人是应该被约束的，否则社会就会因为争斗无度而解体。国家的存在，可以限制争斗的范围，设定行为底线。争斗合理化而对公平考虑太少，就会导致权力集中和生活资源集中，产生阶级。阶级对阶级构成的支配与被支配的关系,将导致少数人作威作福,多数人沦于悲惨处境。马克思认为这样的现实是不符合人性需求的,应该被推翻。但他又不像无政府主义者、人道主义者那样,对人能够向善抱有过度的天真。推翻不合理的现实不能寄托于人的自觉向善,而应该落实为改变生产关系的具体行动。这其实是对客观现实的改造,人心的变化也是生产关系变化的结果。

现在回到前面提出的问题:我们选择职业的时候应该秉持什么样的价值观?从中国文化的角度来看,就是利己的同时也要利他;从马克思主义的角度看,我们的职业要有利于实现每个人自由全面发展。

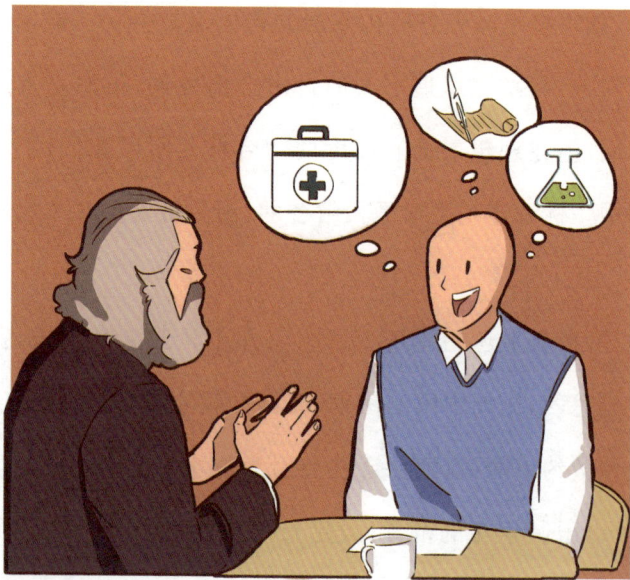

所以，选择职业不应出于完全自私的目的，少年马克思说：我们的使命绝不是求得一个最足以炫耀的职业。

"在选择职业时，我们应该遵循的主要指针是人类的幸福和我们自身的完美。不应认为，这两种利益会彼此敌对、互相冲突，一种利益必定消灭另一种利益；相反，人的本性是这样的：人只有为同时代人的完美、为他们的幸福而工作，自己才能达到完美。"

以后我们就会知道，这样的职业有很多很多，我们选择了它们，便是选择了自己与他人的自由和快乐。

3 每个人都可以做历史的创造者

2023 年底，豆瓣 App 评选出了一份年度畅销书榜单，排名第一的是纪实文学《我在北京送快递》。

作者胡安焉不是什么著名作家，他就是一个普通人。一个 40 多岁的快递员，走南闯北 20 多年，以前还从事过拣货工、便利店店员、保安、导购等工作。他从这些基层生存经验里，提取出最真实、鲜活的细节，写给普通人看。读者们从中看到了跟自己一样的普通人努力向上的样子，以及他对人生的理解、对社会作出的贡献。许多人与他共情，一定程度上也回应了自己内心有时会感觉到的迷茫与空虚。

除了写书的普通人越来越多，我们还看到，越来越多的普通人成了被书写的对象。豆瓣 App 榜单里排名第三的是知名翻译家杨苡的《一百年，许多人，许多事》，记录了从五四运动至今百年间平凡生活里的一个个普通人。她写的是人，是占社会大多数的人民群众，没有什么宏大叙事，但这些无名氏的真实生活也很动人。

在中国历史的绝大部分时间里，写书都是上层阶级知识精英的专权，书写的对象大多也是帝王将相、才子佳人。像《诗经·国风》那样的由普通人创造也被普通人传颂的作品少之又少。这就会让我们一直误以为，历史是帝王将相、才子佳人创造的，普通人在历史创造过程中无足轻重。

其实，真正的原因是：在阶级社会里，上层更有机会学习知识，也更有资源出版书籍。统治阶级还会对文艺作品进行审查，只向被统治阶级提供符合自身利益需要的内容。

而马克思和作为马克思主义者的中国共产党人，坚定地主张并证明了人民群众才是历史的创造者。

人民群众指代社会人口中的大多数，包含不同阶层和群体，囊括所有从事物质生产的劳动群众及从事精神生产的知识分子。历史的流动性与广阔性，是由人民群众撑起来的。

历史由人民创造，包含两层意思。

其一，历史上不少波澜壮阔的大事件和文明进程的关键节点，其实都是普通人创造的。因为一切重要的变革都需要符合实际，而普通劳动大众才最清楚现实，他们拥有丰富的经验，甚至可以说，他们就是现实本身。

比如北宋发明印刷术的毕昇，后人称他为"伟大发明家"。事实上，毕昇就是杭州一个小小的书肆刻工，也就是手工刻字的人。正是在年复一年的实践和经验总结中，为了提升生活质量与工作效率，他自然而然却一鸣惊人地发明了活字印刷术。然而，这位普通百姓还没等到印刷法推行就去世了。

古今中外，无数小人物皆如此，即便后世赋予他们大人物的称号，也不能改变他们是以普通人的身份、为多数人的普遍福祉做出贡献这一事实。

其二，普通人的日常生活史也拥有不亚于帝王将相、改朝换代等宏大叙事的重要性。

历史学家王笛，以写作四川茶馆的日常众生相，搭建起历史大厦内部的细节。"每个普通人的日常劳作，就是文明传承的推动力量。如果没有微观的视角，我们的历史就是不平衡的历史，不完整的历史。"

中国古代哲学也有贵民、重民的观念。如先秦孟子就说"民为贵，社稷次之，君为轻"，荀子也说"君者，舟也；庶人者，水也。水则载舟，水则覆舟"。他们是从政治理念的角度来说的，也就是说，他们是在讲一种统治的办法。然而，之所以能得出这些结论，首先是因为他们认识到人民群众力量的强大，明白是人民群众在创造历史。如果君主忽视人民群众，那么社稷，或者叫"舟"，就会被颠覆。

这种认识无疑是正确的，如果顺着这样的道路往前继续探索，就会发现：政权与人民群众的关系变得很不一样。然而遗憾的是，中国古代大部分政权都过于轻视人民，而把圣人与帝王放在了最前面。《二十四史》成为帝王将相的家谱，人民群众创造历史却没有被历史所尊重。

直到马克思主义来到中国，历史观被改写了。中国共产党人清醒地认识到，过去的一切改良和暴动之所以不成功，就是因为忽视了人民群众的力量，就是因为过去的组织者们没有摆脱数千年来帝王将相的迷思。

马克思明确宣告，"批判的武器当然不能代替武器的批判，物质力量只能用物质力量来摧毁"。摧毁物质力量的物质力量从何而来？通过阶级分析法，中国共产党人发现了农民和工人——当时占中国人口的绝大多数。工农联盟激发出了一股真正的创造历史的力量，中国的独立自强之路才拨云见日。

毛泽东说："春风杨柳万千条，六亿神州尽舜尧。"党的群众路线，正是超越了传统英雄史观并接受了历史唯物主义之后开出的理论之花。从那以后，"人民群众是历史的创造者"就成了中国最根本的政治伦理原则，发展到今天，就是习近平总书记提出的"人民至上"，"人民就是江山，江山就是人民"。

我们都是人民群众的一员，所以我们都可以做历史的创造者。正如习近平总书记指出，"中国梦是民族的梦，也是每个中国人的梦"，"生活在我们伟大祖国和伟大时代的中国人民，共同享有人生出彩的机会，共同享有梦想成真的机会"。

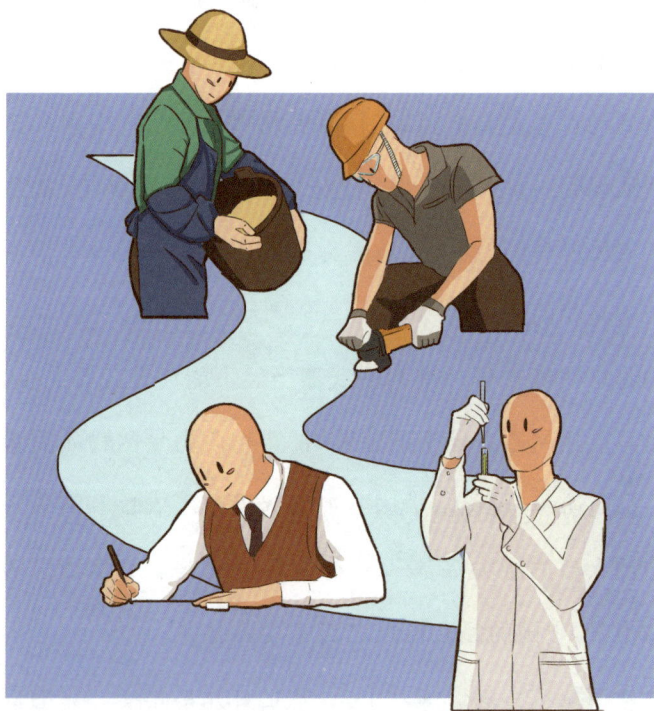

后 记

　　2018 年 5 月 4 日，习近平总书记在纪念马克思诞辰 200 周年大会上的讲话中指出："马克思是全世界无产阶级和劳动人民的革命导师，是马克思主义的主要创始人，是马克思主义政党的缔造者和国际共产主义的开创者，是近代以来最伟大的思想家。两个世纪过去了，人类社会发生了巨大而深刻的变化，但马克思的名字依然在世界各地受到人们的尊敬，马克思的学说依然闪烁着耀眼的真理光芒！"讲话的最后，习近平总书记深情寄语："前进道路上，我们要继续高扬马克思主义伟大旗帜，让马克思、恩格斯设想的人类社会美好前景不断在中国大地上生动展现出来！"。

　　在这样的背景下，浙江人民出版社邀请我在马克思逝世 140 周年后的第一个年头，为青少年写作一本关于马克思的普及读物，力求准确、通俗，并且要用青少年读得懂的语言和表达方式，将马克思这位"千年思想家"的生平、思想以及对当代青少年的启示展现出来。这是一个非常艰难的任务,因为马克思的思想穿透人类社会历史的迷雾,极其博大精深,如何让少年们在一本小书中窥其精髓,并不容易。

好在,几位对马克思及其思想有着深入研究和理解的青年才俊加入了团队,经过大家的共同努力和精心创作,最终呈现出了这本《少年读马克思》。我对他们给予真诚的赞赏并愿意将他们介绍给广大读者。他们是:

李少威,《南风窗》杂志执行主编,南风窗传媒智库副理事长,毕业于中国人民大学国际政治专业;

隋筱童,中国海洋大学马克思主义学院青年教师,中国人民大学经济学博士、中国社会科学院经济研究所经济学博士后;

张茜,《南风窗》杂志记者,南风窗传媒智库研究员,毕业于复旦大学思想政治教育专业;

肖瑶,《南风窗》杂志主笔,南风窗传媒智库研究员,毕业于香港中文大学社会科学院;

当然,还包括中国人民大学的博士研究生高露,她的睿智建议为本书增添了灵动的色彩。

此外,浙江人民出版社的编辑团队为本书的出版全过程倾注了巨大的精力和心血,正是在他们适时的督促和富有成效的协调下,本书才能顺利面世。

《少年读马克思》是关于马克思的生平、学说及其对当代中国青少年影响的普及读物，希望读到本书的同学们能够从中获得成长的动力源泉，从而提升学习和思考的能力。

由于时间仓促，书中难免存在不足之处，敬请读者批评指正。

张　旭

2024 年 3 月 26 日于北京竹石轩

图书在版编目（CIP）数据

少年读马克思 / 张旭主编 . — 杭州：浙江人民出
版社，2024.5

ISBN 978-7-213-11414-4

Ⅰ . ①少⋯ Ⅱ . ①张⋯ Ⅲ . ①马克思（Marx，Karl
1818-1883）-生平事迹-青少年读物 Ⅳ . ① A712-49

中国国家版本馆 CIP 数据核字（2024）第 059406 号

少年读马克思

张　旭　主编

出版发行：浙江人民出版社（杭州市环城北路 177 号　邮编　310006）
　　　　　市场部电话：（0571）85061682　85176516

责任编辑：尚咪咪　　　　　　　　营销编辑：陈雯怡　张紫懿　陈芊如
助理编辑：王易天晓　林欣妍　　　责任校对：马　玉
责任印务：程　琳　　　　　　　　封面设计：王　芸
插画设计：杭州雨露文化传播有限公司
电脑制版：杭州敬恒文化传媒有限公司
印　　刷：杭州钱江彩色印务有限公司
开　　本：880 毫米 ×1230 毫米　1/32　　印　　张：6
字　　数：100 千字
版　　次：2024 年 5 月第 1 版　　　　印　　次：2024 年 5 月第 1 次印刷
书　　号：ISBN 978-7-213-11414-4
定　　价：38.00 元

如发现印装质量问题，影响阅读，请与市场部联系调换。